Die echte mexikanische Küche

Die echte mexikanische Küche

Polo Rosas   Marysia Morkowska

FONA

Vollständig überarbeitete und erweiterte Ausgabe, früher
ISBN 3-907108-59-0

www.fona.ch

Verantwortlich für das Lektorat: Léonie Haefeli-Schmid
Einführung: Marysia Morkowska, Kilchberg
Produkte-Abc: Ursula Perez, El Maíz, Zürich
Gestaltung Umschlag: Dora Eichenberger-Hirter, Birrwil
Gestaltung Inhalt: Andrea Heimgartner, Zürich
Foodbilder: Evelyn und Hans-Peter König, Zürich
(Seiten 39, 47, 55, 57, 63, 67, 81, 87, 93, 95, 119, 125, 139, 155), und
Jules Moser, Bern (Seiten 43, 49, 61, 69, 75, 91, 105, 109, 115, 145)
Schwarz-Weiß-Aufnahmen: Jules Moser, Bern
Mexiko-Bilder: Kevin Guillet und Cristina Trovato, Le Mont
Produkte-Aufnahmen: Martin Lehner, Küttigen
übrige Bilder: HEKS Schweiz, Zürich (Seiten 15, 110), und
Jérôme Bischler, Schönenberg (Seiten 9, 19)
Bilder Schutzumschlag: getty images, München (Architektur), und
Bildagentur Baumann AG, Würenlingen (Tortilla-Chips)
Lithos: Kneuss Print AG, Lenzburg
Druck und Bindung: Stalling Oldenburg

ISBN 3-03780-181-6

Inhalt

Abkürzungen

l = Liter
dl = Deziliter
ml = Milliliter
EL = Esslöffel,
KL = Kaffeelöffel
TL = Teelöffel
g = Gramm
Msp = Messerspitze

Wo nicht anders erwähnt, sind die Rezepte für 4 Personen berechnet.

Bienvenido

Weitgereiste Feinschmecker sind sich einig: Die echte mexikanische Küche ist überraschend vielseitig und exotisch. Locker pendelt sie zwischen ungenierter Deftigkeit und vielschichtiger Raffinesse, bisweilen besticht sie durch ihre urtümlich wirkenden Zubereitungsarten. Hier wird gebrutzelt, gewickelt, gemörsert. Vor allem aber fällt sie durch die Fülle ihrer Zutaten auf.

Was beim Blick auf die Karte nicht weiter erstaunt: Mexiko ist achtmal so groß wie Deutschland und zieht sich dabei gemütlich rund 3000 Kilometer in die Länge. Das Land weist alle denkbaren Klima- und Vegetationszonen auf. Im Norden reicht es in den Wüstengürtel hinein, östlich und westlich liegen die Meeresküsten. Zum tropischen und subtropischen Klima gesellen sich in den Bergen auch kühlere Gebiete. Somit verfügt Mexiko über eine unerschöpfliche botanische Fülle. Dazu kommt eine lukullische Tradition, die es in sich hat. Die Kochkunst beginnt vor rund 3500 Jahren in den damaligen Hochkulturen Mittelamerikas. Im 16. Jahrhundert kreuzen sich spanische Einflüsse ein und so auch deren maurische Elemente.

Dennoch ist die echte mexikanische Küche heute kein Ereignis der Hochkultur, deren Jahrhunderte alte Regeln akademisch gelehrt werden. Sie hat auch wenig mit dem zu tun, was das globalisierte Multikulti-Food als «Tex-Mex» bekannt machte. Und erst recht nichts mit dem Essen, das in den Touristenlokalen zwischen Tijuana und Villa Hermosa auf die Teller kommt, um die vermeintlichen Erwartungen der reisenden Gringos zu erfüllen. Jene mitunter magensträubenden Fehlleistungen dürften auch daraus resultieren, dass es in Mexiko bis vor rund fünfzehn Jahren gar nicht möglich war, eine professionelle Kochlehre zu absolvieren.

In Mexiko herrscht in gastronomischer Hinsicht vielmehr die schöpferische Vielfalt der Straßen und Märkte, wo die Frauen nach traditionellen Rezepten unzählige Leckereien brutzeln, um mit dem Weiterverkauf etwas dazuzuverdienen. Die echte mexikanische Küche, so lautet das einhellige Urteil fundierter Branchenkenner, ist in den Familientöpfen zu finden. In diesem vitalen Dschungel persönlicher und regionaler Rezepte hilft uns der kochbegeisterte Polo Rosas. Im Wohnquartier seines zentralmexikanischen Heimatortes Patzcuaro war er schon als Junge dafür bekannt, dass er seine Nase in alle Kochtöpfe steckte. Er pflegte um die Mittagszeit eine Runde in der Umgebung des Elternhauses zu drehen und allen Nachbarinnen eine Kostprobe des Mittagessens abzubetteln, um anschließend mit seiner Mutter über verschiedene Zubereitunsarten zu debattieren. Dass er später Koch und Hotelfachmann wurde, war nichts anderes als logisch.

Die hier vorgeschlagenene Rezeptauswahl beherzigt folgende Kriterien: Zum einen entschied sich unser Gastgeber für Gerichte, die in seiner über zehnjährigen Tätigkeit in Europa auf große Akzeptanz stießen. Zum anderen zählt für ihn die Authentizität der Rezepte, die er den Kochenden zu Hause oft mit Überredungskunst entlockte. Ausschlaggebend für die folgende Zusammenstellung ist auch, dass alle Zutaten in unseren Breitengraden erhältlich sind, und sei es im Spezialitätenladen. Die Adressen dazu finden Sie im Anhang.

Es fehlen also Rezepte für gebratene Ameiseneier, die nussig bis holzig schmecken sollen, oder frittierte Heuschrecken, eine überaus knusprige Spezialität. Wir verzichten auf Mixotes, in dünne Agavenhaut gewickeltes, geschmortes Lamm. Überdies auf Wildschweindelikatessen, die früher als kulinarisches Privileg nur von der aztekischen Oberschicht verspeist werden durften und vieles andere mehr. Die in der Folge präsentierten Rezepte stellen nur einen kleinen Teil aller möglichen Gerichte dar. Doch sie genügen für einen Ausflug in die genüssliche Welt kraftvoller mexikanischer Aromen.

Schmeichelnd mild bis höllisch scharf

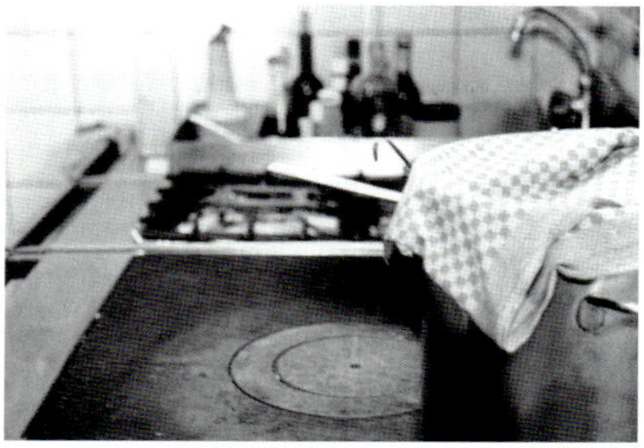

Wenn es anscheinend eine so große Bandbreite regionaler Rezepte gibt, ob man dann überhaupt von einer «mexikanischen Küche» sprechen dürfe. So lautet meine erste Frage. «Klar!» antwortet Polo Rosas. Auf keinen Fall sei es das Tex-Mex-Food, ereifert er sich sogleich, das ewige Chili con carne und dieser undefinierbare Brei, der neben ein paar altbackenen Maischips in jeder Metropole dieser Welt als «mexikanisch» serviert wird. «Außerdem musst du unbedingt schreiben», sagt er, «dass unsere Küche keinesfalls nur scharf ist. Im Gegenteil, rund 80 Prozent der Gerichte sind ausgesprochen mild.» Ich unterstreiche diese Sätze doppelt und hebe sie noch mit Leuchtstift hervor. Polo nickt zufrieden. Doch worin beruht die authentische Küche Mexikos nun wirklich? In den Zutaten, meint der Kenner, dem Mais, dem Reis, den Bohnen, den Kräutern wie dem Koriander oder Epazote und einer großen Palette von Früchten. Milchprodukte und Weizen treten verglichen mit den mitteleuropäischen Essgewohnheiten stark in den Hintergrund.

Doch das Hauptthema seien die Chilis, die hier fortan originalgetreu als Chiles bezeichnet werden sollen. Genauer gesagt die hohe Kunst, mit den vielfältigen Würzschoten richtig umzugehen. Endlos sind die Diskussionen über ihre optimale Zubereitung. Die einen schwören darauf,

sie vor der Verwendung anzurösten, um ihren Geschmack noch zu verstärken. Dabei dürfen sie nicht anbrennen, sonst werden sie bitter. Andere legen sie roh ins heiße Wasser. Wer es milder liebt, entfernt die Samen. Es gibt Hunderte von Sorten, die frisch oder getrocknet unterschiedlich heißen. Sie können von daumennagelklein bis zu 20 cm groß sein, die Formen zwischen kugelrund und spindelförmig variieren. Die Farbpalette reicht von Gelb oder Grün über Rot bis hin zu Schwarz. Außerdem wirkt sich auch das Klima auf die Inhaltsstoffe aus: in einem heißen, trockenen Klima kann ein und dieselbe Chilesorte viel mehr Schärfe entwickeln als unter kühleren, feuchteren Bedingungen. Das Alkaloid Capsaicin, das für den brennenden Geschmack verantwortlich ist, bildet sich vor allem durch die Sonneneinstrahlung, vergleichbar mit dem Zucker in den Weintrauben.

Weil der Organismus Capsaicin in entsprechender Konzentration als Schmerz wahrnimmt, schüttet er nach dem Genuss Endorphine aus, also körpereigene schmerzstillende Stoffe. Und das führt zu einem Glückskick. Gerade diese euphorisierende Kraft kennzeichnet die typisch mexikanischen Salsas, die Würzsaucen, deren Schärfe von pikant bis feurig reichen kann. In Mexiko werden sie zu fast jedem Essen separat in Tonschälchen serviert. Bei uns gehen sie als klischierter Inbegriff mexikanischen Temperaments in Flaschen à la «Red and Hot Chili Sauce» über den Ladentisch. Bisweilen tragen sie auch originellere Namen wie «Liquid Lucifer».

Chiles sind übrigens urmexikanische Gewächse. Bereits nach 1550 wurden sie in vielen portugiesischen und spanischen Kolonien in Afrika, Indien und Südostasien, wo sie bislang unbekannt waren, angebaut und rasch in die lokalen Küchen aufgenommen. Einzig in den kulinarischen Hochkulturen Europas konnten sie nie so richtig Fuß fassen. Wieso eigentlich? Weil Pfeffer als viel nobler galt. Der war und ist schwieriger anzubauen, eine heikle Kulturpflanze mit einer kleinen ökologischen Nische. Pfeffer braucht drei Jahre, bis er die ersten Erträge abwirft und ist somit viel prestigeträchtiger als der genügsame

Chile, der von der Meereshöhe bis in Lagen von 1800 Metern gedeiht. Seine Samen sind einfach zu transportieren und behalten ihre Keimfähigkeit während 2 bis 3 Jahren. Als «Arme-Leute-Pfeffer» konnte er lediglich in Süd- und Südosteuropa heimisch werden.

So frönt jede Kultur ihrer Logik, die auf andere bizarr wirken mag … Auch Mexiko, wo in den Tellern und in den Töpfen für uns seltsame Dinge geschehen. Etwa wenn es um die Speisefolge geht. «Bei uns zu Hause gab es immer Arroz, Tomatenreis, zur Vorspeise. Wir bezeichnen ihn als Sopa, als trockene Suppe. Die Frijoles refritos, das Bohnenpüree, bekamen wir dann zum Nachtisch.» Noch kurioser mutet diesseits des Atlantiks die Kombination von Lebensmitteln an, die bisweilen zusammen im Kochtopf landen. Da wird zum Hauptgang mitunter etwas verwendet, das bei uns exklusiv als Dessert gilt: Schokolade. So im bekanntesten mexikanischen Rezept, der Mole poblana de pollo, dem Huhn mit Schokoladensauce. Die Moles, eine besondere Art von Sauce, sind zutatenreich und aufwändig in der Zubereitung, sie werden meist zu Fleisch und Geflügel gereicht. Von der Konsistenz und Kochzeit her sind sie am ehesten mit einem fernöstlichen Curry vergleichbar.

Das Gericht auf Seite 80 vereint einen fast unglaublichen Fächer von Produkten. Die Mise-en-place unseres Gastgebers besteht aus nicht weniger als 23 Zutaten, mit denen ein konventioneller europäischer Koch locker einen Fünfgänger würzen könnte. Vor uns liegen verschiedene schwarz-rötlich schimmernde Chiles, die mit ihrer gekräuselten Haut wie Echsenfossile aussehen. Der geräucherte Chile chipotle gleicht angestaubtem Dörrobst. Ungewöhnlich erscheint die Kombination von Gemüse und Obst, die roten und grünen Tomaten mit der Kochbanane. Daneben liegen allerlei Dessert-Produkte: Mandeln, Erdnüsse, Rosinen, Dörrzwetschgen, Schokolade und Zucker, ergänzt durch die orientalischen Gewürze Sesam und Zimt. Im Kontrast dazu stehen frischer Koriander und Knoblauch, Zwiebeln, Salz.

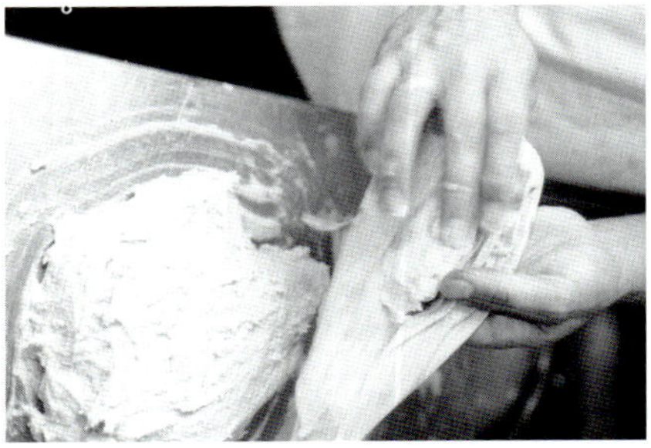

Als erstes gibt Polo einen tüchtigen Klacks Schweineschmalz in die Pfanne. «Muss das sein?» frage ich. Soviel tierisches Fett würde jede Ernährungsberaterin sofort aufjaulen lassen. Die Frage drängt sich auf, weil Schmalz auch in einigen anderen Rezepten vorkommt. Polo meint: «Das entspricht nun mal den authentischen Kochgewohnheiten. Fett ist ja bekanntlich der beste Geschmacksträger. Wem es zuviel ist, der kann es ruhig reduzieren.» Doch das Fett lohnt sich, das Gericht mundet tatsächlich göttlich! Den ersten Bissen von einer frisch zubereiteten Mole zu kosten, ist ein großer Moment. Sie sieht zwar wie eine Schokoladencreme aus und riecht anfangs auch so. Im Gaumen schmeckt sie jedoch nicht süß, sondern entfaltet ein wohlabgerundetes salzig-würziges Aroma. Ein Fächer von Geschmäckern streichelt die Papillen: Zunächst machen sich milde, parfumzarte Noten bemerkbar, erst am Schluss blüht die Schärfe auf. Ich genieße nicht mehr und nicht weniger als ein lukullisches Gesamtkunstwerk! Kein Wunder, dass diese Spezialität eigentlich nicht für den Alltag gedacht ist. Die aufwändig zubereitete Festspeise kommt in Mexiko nur dann auf den Tisch, wenn es wirklich etwas zu feiern gibt, etwa bei der Taufe oder der ersten Kommunion. Was die Kalorien betrifft, so sei im Sinne einer mathematischen Korrektur bemerkt, dass eine Bratwurst mit anschließendem Schokoladeneis viel üppiger ist – und nur halb so aufregend wie dieses exotische Potpourri.

«Wusstest du übrigens», sagt Polo, «dass die Welt auch die Schokolade Mexiko verdankt und dass wir stolz darauf sind?» Die Kakaobohne genoss bei den indigenen Völkern Mittelamerikas hohes Ansehen. Sie gingen davon aus, dass die Götter den Kakaobaum aus dem Himmel gebracht und die Menschen den Umgang damit gelehrt hätten. Seine Bohnen dienten kultischen Zwecken, aber auch als Zahlungsmittel. Ein in Maisblätter eingewickelter Fisch kostete drei Kakaobohnen, ein Truthahn war für zweihundert zu haben. Als die Spanier nach Mexiko kamen, lernten sie unter anderem auch Xocoatl, die Schokolade, kennen, eine Getränkespezialität am Hof des

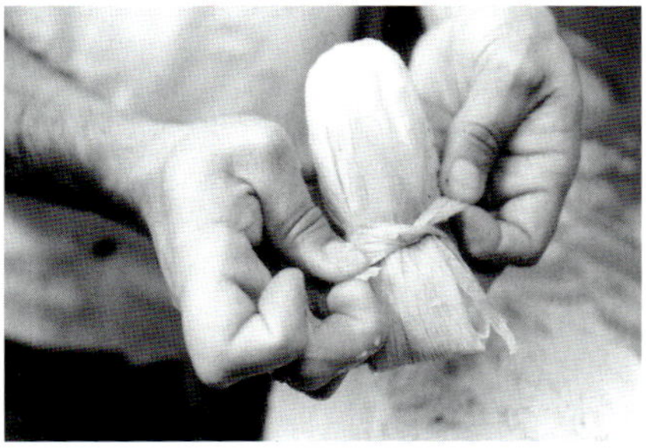

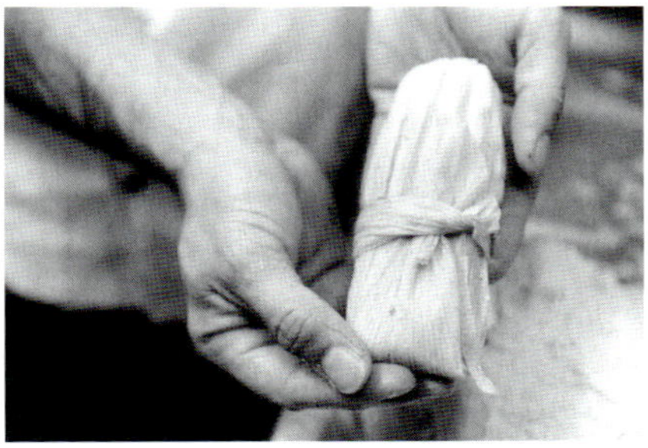

atztekischen Herrschers Moctezumas II. Man mischte sie damals mit Honig, Vanille und Gewürzen. Daraufhin trat das herb-süße Gebräu seinen Siegeszug um die Welt an. In Mexiko wird Trinkschokolade heute noch auf vielen Märkten auf individuellen Wunsch hin zubereitet: mit Wasser oder Milch, abgeschmeckt mit Zucker, Zimt, Nüssen.

Bemerkenswert. Zuerst stammt also die Chilischote, die den Speisezettel von halb Asien dominiert, aus Mittelamerika, und nun auch die Schokolade, die als urhelvetischer Beitrag zu den Naschsünden dieser Welt gilt. «Was haben wir euch denn sonst noch alles zu verdanken?», frage ich. «Mais, Avocados, Tomaten, Erdbeeren, Vanille, Erdnüsse, Papayas, Truthahn ...» Polo zeigt mir eine umfangreiche Liste von Lebensmitteln, welche die Conquistadores im 16. Jahrhundert aus der neuen Welt einführten. Lauter Nahrungsmittel, die aus unserem heutigen Leben nicht mehr wegzudenken sind.

Auch in umgekehrter Richtung wirkten die Bereicherungen. Die Spanier brachten den Mayas und Azteken die bislang unbekannten Rinder, Schafe, Ziegen für Fleisch, Milch und Käse. Das Huhn legte fortan Eier und das Hausschwein lieferte den Schmalz als Bratfett. Das Braten war eine unbekannte Zubereitungsart. Bislang hatten die Indios gegrillt, im Erdofen gegart oder das Essen in Blättern gedämpft. Die Conquistadores führten auch neue Gemüse- und Fruchtsorten ein: etwa Karotten, Mangos, Zitrusfrüchte. Auch Kaffee, Reis, Weizen und damit das Brot. Durch den regen Welthandel der Kolonisatoren kamen fernöstliche Gewürze sowie Zuckerrohr dazu. Fortan schlugen auch diese Novitäten in Mexikos unbegrenzter Natur ihre Wurzeln.

Jener Austausch der Kontinente vor bald 500 Jahren war eine der fruchtbarsten kulinarischen Begegnungen aller Zeiten. Sie vermählte die indianische mit der kolonialen spanischen Küche – zwei gut entwickelte Genusskontinente trafen in den Töpfen aufeinander. Damit fand eine einzigartige Synthese von Aromen und Ingredienzien statt.

Reizvoller Gaumenkitzel

Neben Polo in der Küche. Ich schaue ihm beim Hantieren zu und bekomme immer wieder einen Happen vorgesetzt. Vom kulinarischen Standpunkt aus erweisen sich diese Kostproben auch noch Anfang des 3. Jahrtausends als inspirierend und originell. So die Ensalada de nopales (Seite 56), in der unter anderem die jungen, zarten Blattglieder des Feigenkaktus zu finden sind. Dieser Salat schmeckt dank der typischen Kombination von Chiles, Limetten und Koriander pikant erfrischend. Eine traumhafte Vorspeise für jeden heißen Sommertag. Rustikal und sinnlich zugleich ist Cochinita pibil (Seite 94), ein mariniertes Schweinefleisch, geschmacklich und optisch erinnert es ein bisschen an Szegediner Gulasch. Es wird mit dem rot färbenden Achiote-Samen gewürzt und gilt heute noch bei den Nachfahren der Mayas auf dem Lande als ein Sonntagsessen. Ursprünglich ist es im Erdofen gegart worden, Polo hat das Rezept den hiesigen Küchenverhältnissen angepasst.
Frijoles refritos (Seite 142), ein Bohnenpüree, mundet angenehm würzig. Neben Chorizo, einer auch in Spanien verbreiteten Wurst, ist der zitronige, pikante Duft von Epazote unverkennbar. Dieses Würzkraut, zu deutsch «Gänsefuß» oder «Jesuitentee» genannt, gilt als unverzichtbare Zutat der mexikanischen Küche. Es kommt in etlichen Rezepten für Chile-Saucen und Bohnengerichte vor, macht sich aber auch in Salaten gut. Verwendet werden Blätter, Blüten und unreife Früchte, die den intensivsten Geschmack haben. Dieses Gewürz sollte möglichst frisch zum Einsatz gelangen, ist in Europa jedoch so nicht erhältlich. Es gibt Leute, die es durch Zitronenmelisse ersetzen oder in

getrocknetem Zustand verwenden, was wahre LiebhaberInnen aber ablehnen. Die wenigsten wissen, dass das aromatische Teekraut in unseren Breitengraden unproblematisch im Blumentopf gedeiht. Das Kraut wächst buschig und wird etwa 1,40 Meter hoch. Wer die mehrjährige Pflanze im Garten zieht, muss sie zum Überwintern ins Haus nehmen.

Nun macht sich Polo ans Kneten, Wickeln und Verschnüren. Das Resultat dieses flinken Bewegungsablaufes sind Tamales, Päckchen mit einer salzigen oder süßen, milden oder scharfen Füllung, die mit Schweineschmalz in Maisblättern gedämpft werden. Zum Dessert bekomme ich Tamales dulces (Seite 120) vorgesetzt, deren Inhalt unter anderem aus Kokosraspeln und Rosinen besteht. Erfreulicherweise schmecken sie nicht klebrig süß, sondern verfügen über einen angenehmen Biss.

Die Basis der Tamales-Füllung besteht aus Masa. Aus diesem Maisteig werden auch jene runden, flachen Fladen hergestellt, die in ihrem Urzustand Tortillas heißen. Sie dienen gleichzeitig als Brot und Essbesteck, je nach Weiterverarbeitung und Füllung verwandeln sie sich in eine Reihe weiterer Spezialitäten. Gerollt und gefüllt nennt man sie Tacos. Knusprig ausgebacken, oft kalt mit Wurst, Bohnenpüree oder scharf gewürztem Avocadopüree belegt, sind es Tostadas. Enchiladas heißen sie, wenn sie vor oder nach dem Ausbacken in Chile-Sauce getaucht worden sind.

Diese und andere Leckereien sind in vielen Variationen an fast jeder Straßenecke erhältlich, auch auf den wuseligen Märkten zwischen den Frucht-Pyramiden und den Gefäßen voller Gewürze. Die Luft ist gefüllt mit Speisedüften und hypnotischen Lockrufen der Verkäuferinnen: «Tacos … Tamales … Tostadas…». Ein Singsang fast rund um die Uhr, der jeder Mexikanerin, jedem Mexikaner die Schauder der Verheißung durch den Magen jagt. Weiter hinten finden Sie mehr als 20 Rezepte für solche Mais-Spezialitäten.

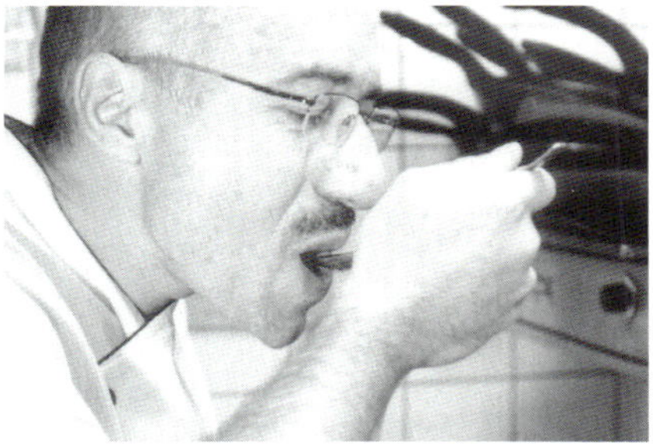

Mais, von dem es rund 1500 Sorten gibt, ist das traditionelle Grundnahrungsmittel Mexikos. Das Museum für Völkerkunde hat ein Rezeptbuch publiziert, in dem 605 verschiedene Arten der Zubereitung aufgezählt sind. Allein die gewickelten Tamales können auf 86 unterschiedliche Weisen hergestellt werden! Der Mais deckt rund die Hälfte des mexikanischen Kalorienbedarfs ab, er ist eine anpassungsfähige Pflanze, die in subtropischen Gebieten ebenso gedeiht wie auf 3000 Metern. Die weißen, gelben, blauen und roten Kolben werden seit über 5000 Jahren kultiviert und auch kultisch verehrt. «Alles, was diese Indios tun und worüber sie am meisten sprechen, steht in Beziehung zum Mais...», schreibt ein spanischer Chronist aus der Zeit der Conquista. Es gibt Menschen, die behaupten, der Mais habe die breite wirtschaftliche Grundlage für die Kultur der Mayas abgegeben. Anhand von Versuchen mit den ursprünglichen Anbaumethoden fanden die Archäologen heraus, dass die Mayas nur 48 Tage im Jahr zu arbeiten brauchten, um ihre Ernährung auf der Grundlage des Maises sicherzustellen. Es blieb ihnen also genug Zeit, um sich den schönen Künsten zu widmen und unter Anleitung ihrer Priester Tempel zu errichten.

Heute noch erfolgt der Anbau in manchen Gebieten nach dem alten Kalender. Die Aussaat beginnt mit Schutzgebeten, jede Phase des Wachstums ist von alten Ritualen begleitet. Bei der Ernte gibt es dann ein Dankesfest und damit sind wir bei einer weiteren typisch mexikanischen Spezialität angelangt, der Fiesta. Auch diese prähispanische Tradition wird ausdauernd am Leben gehalten, dabei spielen üppige Ess- und Trinkgelage eine zentrale Rolle. Noch heutzutage, scheint es, lassen die Mexikaner keine Gelegenheit aus, eine gute Party zu feiern.

Einer dieser Festfreudigen ist Andres Loza. Der 19-jährige stammt aus der Hauptstadt Mexico City und weilt vorübergehend in Europa, um Erfahrungen zu sammeln. In diesen Wochen hilft er Polo in der Küche aus. Wir kommen ins Gespräch und setzen uns in die Gaststube

«El Azteca», wo Andres von den bisherigen Fiestas seines Lebens zu erzählen beginnt. Von den rund 50 Parties seiner Freundinnen und Cousinen, deren 15. Geburtstag traditionell mit Saus und Braus und Hunderten von Gästen gefeiert wird. Von der unlängst zurückliegenden Hochzeit seines Bruders Pablo, der zur ersten Generation der mexikanischen Spitzenköche zählt. Sie kreieren eine Nouvelle Cuisine, welche die internationalen Gastronomie-Trends aufgreift, ohne dabei die eigenen Wurzeln zu verleugnen. Die Trauungszeremonie fand auf einer Meeresklippe in Acapulco statt, von einem spektakulären Sonnenuntergang begleitet. Beim darauf folgenden Festessen fehlte das obligate Huhn mit Schokoladensauce, dafür gab es unter anderem Gurkensuppe, Fisch mit gebratener Banane und Kokosnuss-Mousse. Statt Tequila floss der Wodka. Anschließend tanzte die ganze Gesellschaft 14 Stunden durch, einschließlich der Großmutter.

Andres' Pferdeschwanz und Halsketten zeugen von seinem Anschluss an die globalisierte Jugendkultur, ebenso seine Vorliebe für Hardrock. Gleichzeitig erzählt er ergriffen von der Lieblingsfiesta in seinem Wohnquartier Xochimilco, einem besonders traditionellen Ereignis: dem Kult des El niño-pa. Die über 400-jährige Jesusstatue gilt als wundertätig, die Quartierbewohner tragen sie alle paar Wochen von einem Privathaushalt zum anderen. Die Wohnung, in der sich die Figur gerade befindet, verwandelt sich damit in eine Pilgerstätte – eine Ehre, die dermaßen groß ist, dass eine Warteliste bis in das Jahr 2039 besteht. Glücklicherweise, dann können die Gastgeber in spe schon mal mit Sparen beginnen. Die Auflage lautet nämlich, dass die Pilgernden, in der Regel rund tausend Leute, verköstigt werden müssen. Die Tische müssen sich biegen, die Getränke reichlich fließen, somit dauert die damit verbundene Fiesta 365 Tage im Jahr. Von wegen Mexico City als anonymer Moloch.

Während Andres' händefuchtelnder Ausführungen füllen sich die Tische des Interlakener «El Azteca».

Polos Fiesta

In der Gästeschar fallen drei Männer anfangs Zwanzig an der Bar auf (Abbildung links, oben). Ihre prägnanten Gesichtszüge posaunen die mexikanische Abstammung geradezu heraus, daran ändert das extravagante Haarstyling wenig. Wie sich herausstellt, stammen José, Rudi und Miguel aus dem kalifornischen San Diego und Los Angeles. Beziehungsweise aus «Sään Diegou» und «Los Ejndschäläs», wie die US-Amerikaner die Namen jener Ortschaften aussprechen, die sie 1848 den Mexikanern abknöpften. Die Studenten touren während der Semesterferien mit dem Zug durch Europa und genehmigen sich nun in Interlaken einige Corona-Biere sowie reichlich Pozole, den Maiseintopf (Seite 92).

Während des Essens erzählt uns Miguel, es würden ihm auf dieser Reise alle sagen, er sähe aus wie einem Cheech-and-Chong-Film entsprungen. In jenen kultigen Komödien der 70-er und 80-er Jahre herrscht eine Art Chili-con-Canabis-Klamauk mit schenkelklopferischer Action – soviel zum europäischen Mexiko-Klischee. Dabei entpuppt sich Miguel im Laufe des Abends einfach als besonders sympathischer Mensch.

Bald darauf treffen auch mehrere in der Schweiz wohnhafte Landsleute von Polo im Lokal ein, denn heute Abend hat der Gastgeber eine seiner kleinen Fiestas angesagt. Am meisten fallen die Frauen in ihren rustikalen Kleidern auf. Lulu trägt eine bunt bestickte Bluse, eine Pracht in Pink-Orange-Grün-Violett. Adriana (Abbildung Seite 21), die einst Kommunikationswissenschaft studierte und heute für die Lokalbericht-

erstattung im «Stettfurter Blättli» zuständig ist, erscheint in einer bodenlangen Alltagstracht der Oaxenierinnen. Ana taucht mit ihrer 18-jährigen Tochter Raphaela auf, der amtierenden «Miss Berner Oberland» (Abbildung Seite 20, unten). Mit ihren markanten Stimmen und dem kehligen Lachen füllen die Frauen sofort den Raum, während die Männer eher wortkarg dasitzen und der Reihe nach das Baby des Musikers Rafael abherzen.

Nachdem alle kulinarischen Gelüste befriedigt sind, vertauscht Polo den Kochlöffel mit der Gitarre. Wieder greift er zum Schmalz, diesmal indem er zusammen mit Antonio und Rafael lustvollen Herzschmerz besingt (Abbildung links, oben): «Ich bin müde geworden, sie anzuflehen und ihr zu sagen, dass ich ohne sie vor Kummer sterbe», beginnt das Lied. Unmittelbar darauf folgt die erste Runde Tequila. Die Amigas y amigos stoßen sternförmig an. Sie stehen im Kreis herum und lassen die Hände mit den Gläsern gleichzeitig in die Mitte schnellen. Das erzeugt eine klirrende Eruption, die Stimmung steigt rasant. Beim nächsten munteren Lied tauchen hinter der Bar Rhythmusinstrumente auf: Schlaghölzer, Rasseln, Bongos. Die jungen Männer, voran Andres (Abbildung Seite 23, oben), produzieren damit einen Rhythmusteppich, der in die Beine und in die Hüften fährt. Die Frauen feuern schrille Rufe dazwischen, keine Minute später tanzen alle Mexicanos, auch die kalifornischen Gäste.

Zwischen den Musikeinlagen entstehen Gespräche. Adriana aus dem Kanton Thurgau und José von der Westcoast finden sofort gemeinsame Themen. Sie vergleichen den US-amerikanischen und europäischen Rassismus, das Mexikaner-Sein in der Emigration. Ay, mi Mexico … Was sie denn von zuhause am meisten vermisse, frage ich sie später. Neben Familie und Freunden ist es der Geruch regennasser Erde. Von den leiblichen Genüssen fehlt ihr vor allem die Agua de horchata, die Reismilch mit dem Mandelpüree, das festliche

Getränk ihrer Kindheit, das es an den Geburtstagen und Schulfeiern zu trinken gab.

Die Party im «El Azteca» geht weiter, und die Musiker heizen mächtig ein. Anderthalb Stunden später posieren die «schweizerischen» und «kalifornischen» Mexikaner zusammen für Fotos, als ob sie uralte Freunde wären (Abbildung links, unten). Nach der großen Verbrüderung dividieren sich die Generationen auseinander. José verabschiedet sich mit einem formvollendeten Handkuss. Als die Jungen schon längst gegangen sind, sitzen die etwas Älteren immer noch um den Tisch herum und zelebrieren den Ausklang des Abends, indem sie ihn schier endlos zerdehnen. Die Phase der Schnellschussfröhlichkeit ist nun vorbei. Ein Schweizer Gast will weitertanzen und randaliert. «Was seid ihr doch für müde Latinos», schreit er, bevor er beleidigt abzieht. Vielleicht hat er Octavio Paz missverstanden, wo dieser schreibt: «Im Schrei eines nächtlichen Festes explodiert unsere Stimme in tausend Lichtern, und Leben und Tod geraten durcheinander.» Damit meint der Schriftsteller nicht etwa Essen, Saufen und Herumgehopse, sondern die tieferen Schichten des Menschseins. «Das Fest ist ein kosmisches Ereignis, es drückt das Chaos aus, vereinigt gegensätzliche Prinzipien und Elemente und zeugt so neues Leben», notierte er ein anderes Mal. Auch im Berner Oberland ist etwas von diesem facettenreichen Kaleidoskop zu spüren. Freche Sprüche wechseln mit innigem Gesang, in den alle einfallen: «Ich verliere mich in deinem Duft, ich verliere mich in deinen Lippen, sie kommen näher und flüstern Worte, die mich mitten in mein armes Herz treffen.» So träufelt die Zeit dahin.

Nach drei Uhr morgens springt Polo plötzlich auf und meint: «Wir feiern und feiern und haben schon so lange nichts mehr gegessen.» «Macht nichts», antworten die andern, «unsere Seelen hast du gut genährt.»

¡Qué aproveche!

Der Abend ist vorbei, der Magen inspiriert und das Gemüt gesättigt.

Ist es nicht erstaunlich, dass gerade aus den Produkten, welche die Eroberer aus dem so festfreudigen Mexiko mitbrachten, sich die kulinarischen Basics unserer Vergnügungskultur entwickelten? Ohne jenen Lebensmittel-Transfer vor fast 500 Jahren wäre unsere Freizeit einiges ärmer: Wir könnten an unseren Parties nicht an Erdnüsschen knabbern, müssten im Kino auf das Popcorn verzichten und hätten an heissen Tagen kein Vanille- oder Erdbeereis zum Schlecken. Es würden gerade mal die Pommes Chips übrigbleiben, doch selbst die stammen aus der Neuen Welt. Am meisten fehlen würde uns die Schokolade, jene ur-mexikanischen Spezialität, die sich in unzähligen Formen wohl als lustbarste Näscherei unserer Breitengrade etablierte. Übrigens ist die Kakaobohne das einzige Aphrodisiakum, das bisher wissenschaftlich nachgewiesen werden konnte. Gemäß pharmakologischen Untersuchungen enthält sie das Hormon Phenyläthylamin, welches der Körper im Zustand der Verliebtheit ausschüttet.

Selbst die Bezeichnung für «Cocktail», das aufmunternde Getränk an jedem Apéro und Bartresen, stammt von den Gestaden der Halbinsel Yucatan. Die englischen Seeleute, die im Hafen von Campeche die dort üblichen Mischgetränke aus Fruchtsäften und Zuckerrohrschnaps kennenlernten, verfielen aufgrund eines mexikanischen Utensils auf diese Wortschöpfung: Zum Verrühren der Zutaten benutzten die Einheimischen damals wie heute einen Holzstab, hergestellt aus einer Pflanze namens Cola de gallo, was soviel bedeutet wie «Hahnenschwanz». Daraus wurde dann der englische «Cocktail».

Auch an einen befriedigenden Restaurantbesuch wäre ohne die Neuheiten aus Mittelamerika kaum zu denken. Sei es für Gesundheitsfans, die ihren Salat mit den Tomaten oder Avocados so heiß lieben, sei es für die Anhänger von Junk-Food, die sich im Schnellimbiss ein «Red and Hot Chili Sauce»-Beutelchen schnappen. Ohne jene scharfen Schoten könnten auch die LiebhaberInnen der indischen und thailändischen Küche gleich zu Hause bleiben.

Während bei uns aus den damals eingeführten Lebensmitteln mit Hilfe moderner Technologie allerlei vergnügungstaugliche Leckereien hervorgingen, entwickelte sich in Mexiko durch die Vermählung zweier Welten eine Küche, die wir als kreativ bezeichnen würden. Was heutzutage voll im Trend liegt. Gemeint ist damit die Kumulation überraschender Einfälle und interessanter Zubereitungsarten, welche den Gaumen verwöhnter Esser zu kitzeln vermögen. Ebenso hochgejubelt wird von der modernen Gastrokritik der Hang zur frischen Verarbeitung. Köchinnen und Köche, die sich der Mühe einer sorgfältigen, aufwändigen Zubereitung unterziehen, erzielen Bestnoten. In Mexiko ist diese über weite Strecken noch selbstverständlich, weil hier die technologischen Infrastrukturen schlicht fehlen. Und so reisen Sie mit den folgenden Rezepten durch einen kulinarischen Kosmos, der nicht nur angenehm fremdartig, sondern auch toppaktuell ist.
¡Qué aproveche!

Produkte-Abc

A

Achiote/Achotte
Auch Annato genannt (lat. bixa orellana). Samen des tropischen Orleanstrauches. Bereits zu Zeiten der Mayas zum Würzen und Färben verwendet. In Yucatan bis heute Tradition: z. B. Pibil-Gerichte (Seite 94). Die Samen müssen in Wasser gekocht oder in Fett geröstet werden. Achtung: Sie dürfen nicht verbrennen, sonst werden sie bitter. Aus den Samen wird die Achiote-Paste hergestellt. Samen und Paste sind in Spezialläden erhältlich.

Acitrón
Kandierte Früchte des Biznaga-Kaktus.

Adobo
Dickflüssige Gewürzsauce, die zu allen Fleischgerichten serviert wird. In Spezialläden als Paste erhältlich.

Ajo
Knoblauch

Ajonjoli
Sesamsamen

Alcaparras
Kapern

Almendras
Mandeln

Antojitos
Beliebte, pikante Snacks, die in Mexiko an jeder Straßenecke angeboten werden. Antojitos können so nahrhaft sein, dass sie problemlos eine Hauptmahlzeit ersetzen können. Basis sind meist Maistortillas.

Arroz
Reis. Unbedingt gut waschen. Es gibt mittel- und langkörnigen mexikanischen Reis.

Aguacate
Avocado. In Mexiko sind viele unterschiedliche Arten heimisch. Sie sollten stets reif sein. Unreife Früchte zum Nachreifen in Zeitungspapier einwickeln. Avocadofleisch oxidiert (verfärbt sich braun) rasch, deshalb unbedingt umgehend mit dem gehaltvollen Limonensaft beträufeln. Die Blätter werden zum Aromatisieren von Speisen verwendet.

Ate
Früchte, die mit Zucker zu einer Paste eingekocht werden (meistens Quitten oder Guaven). Wird mit Käse als Nachspeise serviert. In Spezialläden erhältlich.

Atole
Maisgetränk mit indianischem Ursprung, entweder nature, mit Früchten oder mit Kräutern angereichert.

C

Cacahuate
Erdnüsse. Auch «Mani» oder in Spanien «Cacahuete» genannt. Oft zum Eindicken von Saucen verwendet.

Calabaza
Zucchini oder Kürbis. Als Gemüse werden auch die Blüten (Flor de calabaza) verwendet.

Cajeta
Karamellmasse aus Ziegenmilch. Wird für Desserts verwendet. Als Fertigprodukt in ausgezeichneter Qualität in Spezialläden erhältlich.

Camote
Süßkartoffeln. In größeren Lebensmittelabteilungen erhältlich.

Canela
Zimt

Cebolla blanca/roja
Zwiebel, weiße und rote.

Ceviche
Mit Limettensaft marinierter Fisch. Meist wird der Fisch im Limettensaft gekocht.

Chicharrón
Gebratene Schweineschwarte. Wird zum Aperitif mit einer Salsa/Sauce gereicht oder in einer Salsa gekocht. In Spezialläden erhältlich.

Chocolate
Mexikanische Schokolade. Bevor sie in Europa bekannt wurde, war sie das Getränk der Mayas und Azteken. Anders als bei uns wird sie stark mit Zimt gewürzt. Als Getränk oder für die Mole.

1

Comino – Kreuzkümmel

2

Achiote – Annato-Samen

3

Achiote-Paste – Annato-Paste

4

Mexikanische Gewürzmischung

5

Frijoles bayos – Borlotti-/Wachtelbohnen

6

Flor de Majo – rote Bohnen/Indianerbohnen

7

Frijoles negros – kleine schwarze Bohnen

Chorizo
Rezente Schweinswurst. Wird in Mexiko meist ohne Darm gebraten und mit Eiern und Tortillas zum Almuerzo (zweites Frühstück) serviert. Frischer, nicht geräucherter Chorizo ist teilweise auch in spanischen Lebensmittelgeschäften erhältlich.

Cilantro
Koriander (lat. Coriandrum sativum). In der mexikanischen Küche wird der frische Blattkoriander verwendet. Erhältlich in asiatischen Läden. Die Pflanze wird auch bei uns angebaut. Koriandersamen bekommt man in mexikanischen Läden.

Comal
Eisenguss- oder Alupfanne. Wird in Mexiko zum Rösten von Tortillas und Chiles verwendet.

Comino
Kreuzkümmel (cumin). Unterscheidet sich im Geschmack von herkömmlichem Kümmel.

Crema ogria/espesa
Sauerrahm/saure Sahne oder Crème fraîche. Ideal zum Neutralisieren scharfer Speisen. Wird u. a. zu Enchiladas und Tacos serviert.

E

Epazote
(lat. Chenopodium ambrosioides). Wird auch mexikanisches Teekraut genannt. Aromatisch. Schwer zu ersetzen. Passt zu Quesadillas, Bohnen, Champignonsgerichten. Erhältlich in Spezialläden.

F

Flor de Calabaza
→ Calabaza

Flor de Jamaica
Hibiskusblüte. Für «Agua de Jamaica», ein erfrischendes Getränk. In Spezialläden und eventuell in Drogerien erhältlich.

Flor de Majo
→ Frijoles

Frijoles
Bohnen. Im Norden Mexikos werden vor allem die Frijoles bayos (Wachtelbohnen/Borlottibohnen), in Zentral- und Südmexiko Frijoles negros (kleine schwarze Bohnen) gegessen. Flor de Majo ist die Bezeichnung für Indianerbohnen oder rote Bohnen.

Frijoles refritos
Bohnenpüree aus Frijoles bayos

G

Guacamole
Avocadomus

Guayada
Eine kleinkernige, runde tropische Frucht (Guave). Eingemacht erhältlich.

H

Hierba buena
Milde Minze, wird auch für Fleischgerichte verwendet.

Hojas de maíz
Getrocknete Maisblätter. Werden u. a. als Hüllblätter für Tamales verwendet. In Spezialläden erhältlich.

Huachinango
Roter Schnapper

J

Jamaica
Hibiskusblüte (Karkade). Wird für das erfrischende Getränk «Agua de Jamaica» benötigt. Getrocknet und als Konzentrat erhältlich.

Jitomate
Aus Mexiko stammende Tomate. Bei uns bestens bekannt.

M

Maguey
Agave

Maíz
Mais. Wichtigstes Grundnahrungsmittel Mexikos. Teilweise wird auch blauer und roter Mais angepflanzt. Seit Jahrtausenden in Mexiko heimisch und bis heute für die Indiovölker heilig.

Maíz cacahuazintle
Großer Rundkornmais. Sehr zart. Für Pozole und Tamales.

Mamay
Orange- oder lachsfarbene Frucht. Das Fleisch ist dem der Melone ähnlich. Die Frucht enthält einen oder zwei große Kerne. Ursprünglich aus der Karibik stammend.

Mango
Gelbfruchtige Mango. Diese Frucht stammt ursprünglich aus Asien. Der harte Kern und auch die Schale sind ungenießbar.

Manteca de cerdo
Schweinefett. Wird in Mexiko vor allem in den Provinzen verwendet. Dieses Produkt ist in den europäischen Küchen nicht mehr so beliebt. Schweineschmalz kann problemlos durch Öl ersetzt werden.

Masa
Maisteig. Die Original-Masa wird aus in warmem Kalkwasser eingeweichten, anschließend gehäuteten und gemahlenen weißen Maiskörnern, Wasser und Salz zubereitet. Aus dem Teig werden Tortillas hergestellt.

Masa harina
Sammelbegriff für industriell hergestellte Instant-Tortillamehle, die mit Vitaminen und Mineralstoffen angereichert werden. Die behandelten Körner werden getrocknet und gemahlen. In Spezialläden erhältlich.

Margarita
Der bekannteste Cocktail Mexikos. Aus Tequila, Triple sec und Limonensaft gemixt. Wird mit Salzrand serviert.

Molcajete y tejote
Mörser. Wird meist aus Vulkangestein hergestellt. Unersetzlich für hausgemachte Salsas. Tejote ist der Name des Stöpsels.

Mole
Aus der indianischen Sprache Nauatl (Molli = Sauce). Eingedickte sämige Sauce. Bekannt sind die sieben Mole aus Oaxaca und die Mole poblano. Die Mole poblana ist in einem Kloster entstanden und setzt sich aus 35 Zutaten zusammen.

N

Nance/Nanche
Ein Baum aus der Gegend von Veracruz und Tabasco. Die kirschenähnlichen Früchte werden roh gegessen, zu Fruchtpaste verarbeitet oder eingemacht. In Spezialläden erhältlich.

Naranja agria
Süßsaure Orange aus Yucatan. Wichtiger Bestandteil der Pibil-Gerichte.

Nopales
Zarte Blätter des Feigenkaktus. Sie werden als Gemüse und für Salate verwendet. Der gleiche Kaktus produziert auch die herrlichen Kaktusfrüchte, «Tunas» genannt. Die Blätter sind konserviert erhältlich.

O

Oregano
Unterscheidet sich von dem bei uns heimischen Oregano in Aroma und Stärke.

P

Papas
Kartoffel. Wurde durch die Eroberer nach Europa gebracht.

Papaya
Längliche Tropenfrucht, von Gelb bis Rot. Besonders schmackhaft ist die rote «Papaya de Acapulco».

Perejil/Perejil chino
Petersilie. Die flachblättrige (italienische) Petersilie eignet sich gut für mexikanische Gerichte.

Piloncillo/Panocha
Rohzucker, wird meist zu Kegeln gepresst (Zuckerstock). Unersetzlich für den authentischen «Café de olla» (Kaffee aus dem Tontopf).

Piña
Ananas

Pinole
Ein Gemisch aus gemahlenem Mais, Zucker und Zimtpulver. Wird für kalte und warme Getränke sowie für Gebäck verwendet.

Pipián
Gewürzpaste aus Kürbiskernen und Chiles. Ideal zum Würzen von Fisch und Meeresfrüchten. In Spezialläden erhältlich.

Platano dominico
Kleine, süße Banane

Platano macho
Große grüne Kochbanane, die als Gemüse verwendet wird. In großen Lebensmittelläden erhältlich.

Pulque
Fermentierter Kaktussaft

Q

Queso añejo
Gut gelagerter trockener salziger Käse. Wird als Reibkäse verwendet. Kann durch Parmesan/Sbrinz ersetzt werden.

Queso asadero
Gut schmelzender Ziegenkäse. Milder Geschmack. Kann durch eine Mischung aus Feta und Mozzarella ersetzt werden .

Queso chihuahua
Käse aus dem Norden Mexikos. In Europa nicht erhältlich. Als Ersatz englischen Cheddar verwenden.

Queso fresco
Frischkäse, meist gekrümelt. Für Tacos, Suppen und Saucen. Kann durch Feta ersetzt werden.

Queso panela
Frischkäse

R

Recado/Recaudo
Gewürzmischungen in Pastenform

S

Salsa
Saucen in vielen Variationen und Farben, gekocht oder roh, sämig oder dünnflüssig.

Sopa seca
Reis oder Teigwaren

T

Tamarindo
Tamarainde. Längliche tropische Frucht mit brauner Haut. Süßsauer.

Telera
Spezielles Brot für die besonders schmackhaften «Tortas» (reich gefüllte Sandwiches).

Tequila
Schnaps aus dem Strunk der Agave. Wird in der Gegend um Guadalajara, Jalisco, gewonnen. Wichtiger Bestandteil des Cocktails Margarita. Mexikaner trinken den weißen Tequila mit Salz und Zitrone.

Tocino
Speck. Am besten nimmt man für Rezepte mit Speck den hiesigen Frühstücksspeck.

Tomatillo
Grüne mexikanische Tomate (lat. physalis). Nicht zu verwechseln mit unseren unreifen Tomaten. Wächst in einem lampionartigen Gebilde. Die Frucht wird grün geerntet.
Im reifen Zustand verfärbt sie sich gelb und springt leicht. Wichtiger Bestandteil von Salsa verde. Im Herbst frisch, ansonsten in Spezialläden in Dosen erhältlich.

Tuna
Frucht des Kaktus

U

Uchepos
Spezialität des Staates Michoacán. Aus zartem Mais gekochte Tamales.

V

Vainilla
Vanille. Unersetzlich für viele Süßspeisen. Wächst in der Gegend um Veracruz. Nicht zu verwechseln mit Vanille-Aroma, das oft synthetisch hergestellt wird.

Y

Yerba buena
→ Hierba buena

Z

Zapote
In feuchtwarmem Klima wachsender Baum mit süßen, roten Früchten.

1
Nopales – Feigenkaktus
2
Tomatillos – Grüne mexikanische Tomate
3
Chiles jalapeños
4
Chiles serranos
5
Tamarindo – Tamarinden
6
Jamaica – Hibiskusblüten

Chiles

Chile ancho
Ausgereifter heller, getrockneter Poblano-Chile. Ergibt eine schöne rote Farbe. Mild bis mittelscharf. Wird in der mexikanischen Küche sehr viel verwendet. Erhältlich in mexikanischen Läden.

Chile de arbol
Roter, eher kleiner getrockneter Chile. Für Saucen und Marinaden. Sehr scharf. Oft als Pulver verwendet. Erhältlich in Spezialläden.

Chile cascabel
Erinnert an die Rassel der Klapperschlange (cascabel). Klein und rund.

Chile chilaca
Frischer langer grüner Chile, der getrocknet zum Chile pasilla wird.

Chile chilaile
→ Chile morita

Chile chino
→ Chile mulato

Chile chipotle
Im Rauch getrockneter, ausgereifter Jalapeño-Chile. Dunkelrote, runzelige Haut. Für Saucen, Adobos und (ganz) in Suppen. Mariniert in Dosen erhältlich.

Chile cuaresmeño
→ Chile jalapeño

Chile guajillo
Langer, schmaler getrockneter Chile mit glatter, dicker Haut. Aromatisch, fleischig. Für Saucen und Adobo. Je kleiner, desto schärfer.

Chile güero
Gelber bis hellgrüner, eher milder Chile. Konserviert erhältlich.

Chile habanero
Sehr scharfer Chile, der besonders in der Küche Yucatans Verwendung findet.

Chile ixcatíc
→ Chile güero

Chile jalapeño
Kegelförmiger, grüner Chile. Wird sehr oft verwendet. In Spezialläden konserviert erhältlich.

Chile morita
Kleiner, ausgereifter, getrockneter roter Jalapeño-Chile. Scharf.

Chile mulato
Getrockneter braunschwarzer Chile. Es handelt sich wie beim Chile ancho um den getrockneten grünen Chile poblano, der ebenfalls von mildem Geschmack ist.

Chile pasilla
Getrockneter, fast schwarzer Chile. Für Salsa und Mole.

Chile piquín
Kleiner roter Chile. Getrocknet. Sehr scharf.

Chile poblano
Milder Gemüse-Chile. Vergleichbar mit der Peperone/Paprikaschote. Hell- bis dunkelgrün. Wird oft gefüllt (Chiles rellenos, Seite 48). Püriert gibt er dem Arroz verde (Seite 149) die grüne Farbe. Meist wird dieser Chile geschält. In Dosen erhältlich.

Chile serrano
Grüner Hochland-Chile. Lang und schmal. Ist frisch und eingelegt erhältlich.

Rajos (poblano)
In Streifen geschnittener Chile poblano.

1
Chile guajillo
2
Chile cascabel
3
Chile ancho
4
Chile chipotle

Tortillas & Co.

Tortillas
Die runden, dünnen Fladen werden aus Mais- oder Weizenmehl hergestellt. Sie sind in Mexiko eines der wichtigsten Nahrungsmittel. Sie dienen ebenfalls als «Esshilfe». Maistortillas sind je nach Zusammensetzung des Mehls weiß bis gelb. Sie werden mit einer speziellen Presse (Prensa tortilladora) hergestellt. Im Norden Mexikos, an der Grenze zu den Vereinigten Staaten, isst man vor allem Weizentortillas. Sie sind in diversen Ausführungen in Spezialläden erhältlich.

Burritos
Gerollte, mit Fleisch oder Bohnen gefüllte Tortillas aus Weizenmehl.

Chalupas
Chalupas (Kanu, Schiffchen) werden gleich zubereitet wie Tortillas (gleiche Dicke), nur dass sie oval sind. Belegt werden sie wie Sopes.

Chilaquiles
Chilaquiles sind eine weitere Abwandlung der Tortillas. Man schätzt sie ihres scharfen «Grundtons» wegen ganz besonders als Katerfrühstück.

Viele Menschen assoziieren mexikanisches Essen mit Schärfe und denken dabei primär an Chiles. Nicht alle Chiles sind aber feurig scharf, es gibt auch milde Sorten, ähnlich unseren Peperoni-/Paprikaschoten). Chiles sorgen auch für Farbe und Aroma. Dies erklärt, weshalb trotz der verwendeten Chiles auf dem Tisch eine scharfe Sauce nie fehlen darf. Jedermann kann so die Speise nach Belieben würzen.

Selbstverständlich gibt es auch Speisen, die scharf sein müssen, z. B. Enchiladas oder Chilaquiles (der Name sagt es bereits). Den Mund zu verbrennen braucht sich aber niemand.

Enchiladas
Enchiladas ist das wohl bekannteste Gericht Mexikos. Ausgangsprodukt sind Tortillas (aus Maismehl), die durch kurzes Braten im Öl leicht knusprig gemacht werden. Enchiladas werden stets in eine Sauce getaucht und nach Belieben mit Fleisch, Geflügel, Gemüse, Käse usw. gefüllt und gerollt oder eingeschlagen. Man isst Enchiladas zu Hause, in einfachen und gehobenen Restaurants, am Marktstand in der Straße als Antojito (scharfer Snack) oder als Hauptgericht. Beliebt sind Enchiladas mit Frijoles refritos.

Es gibt sehr viele Möglichkeiten, Enchiladas zuzubereiten. Man nehme Tortillas und lasse der Phantasie freien Lauf …

Flautas
Flautas (Flöten) werden gerne mit Tacos verwechselt, weil sie auch gefüllt und gerollt werden. Für Flautas wird aber der Teig dünner ausgerollt (größere Rondellen) und knusprig gebraten. Die knusprigen Rondellen werden mit zerpflücktem Fleisch (Geflügel-, Rind- oder Schweinefleisch) belegt und dann eingerollt. Nun ein wenig Rahm darüber gießen und ganz am Schluss geriebenen Käse darüber streuen. Die Sauce wird separat serviert.

Garnacha o guarache
Eine Abwandlung von Sopes. Anstelle der Rondellen werden Fußsohlen geformt (ohne Rand). Ansonsten gleiches Vorgehen wie bei Sopes.

Quesadillas
Quesadillas sind mit unseren pikanten und süßen Teigkrapfen vergleichbar, wobei anstelle von Teig aus Weizenmehl Tortillas-Teig aus Maismehl verwendet wird.

Sopes
Aus Tortillas-Teig 5 mm dicke Rondellen formen und diese in einer nicht klebenden Bratpfanne beidseitig braten. Mit zwei Fingern einen kleinen Rand drücken (klemmen = pelliscar) so lange die Tortillas noch warm sind. Nun werden die Sopes in wenig Öl gebraten. Mit Frijoles refritos

bestreichen. Schließlich zerpflücktes Fleisch in die Vertiefung füllen und nach Belieben mit Zwiebelringen oder mit gehackten Zwiebeln bestreuen. Mit Créme fraîche garnieren.

Tacos

Tacos sind nichts anderes als gefüllte und gerollte Tortillas. Viele Rezepte in diesem Buch, die auf Fleisch, Fisch, Gemüse, Bohnen usw. basieren, sind für die Herstellung von Tacos-Füllungen geeignet. Diese Tortillas mit «Innenleben» bekommt man in Mexiko an festlichen Anlässen (Taquisas), bei Picknicks, in Taquerías (Restaurants, die ausschließlich Tacos herstellen) häufig rund um die Uhr. Es gibt nichts Schöneres, als nach einem nächtlichen Ausgang in den frühen Morgenstunden in einer Taquería einzukehren.

Wichtig: Tacos sind außen immer weich – ansonsten haben wir es mit Tostadas zu tun.

Benimm-Tipp: Wenn man in Mexiko eine private Einladung hat oder sich in einem Restaurant verpflegt, dann isst man die Tortillas zum sonst gereichten Essen wie bei uns das Brot. Bei Tische aus den Tortillas Tacos zu basteln, zeugt von schlechter Erziehung.

Tamales

Eines der ältesten Rezepte Mexikos. Sie werden aus Maismehl (Tamalesmehl) und Schweineschmalz hergestellt und je nach Rezept pikant (mit Fleisch oder Geflügel) oder süß gefüllt. Das Ganze wird zum Schluss in ein Mais- oder Bananenblatt eingewickelt und über Dampf gegart.

Tamales werden vor allem bei religiösen Anlässen serviert, sei es an einer Taufe, als Gabe am Tag der Toten usw. Häufig kann man Tamales an kleinen Marktständen vor der Bäckerei oder vor der Kirche kaufen.

Das für Tamales benötigte Mehl ist in Mexiko wie in Europa erhältlich. Als Ersatz kann auch Tortillas-Mehl verwendet werden. In diesem Fall braucht es etwas mehr Wasser und Schweineschmalz.

Tiefgekühlte Tamales im Dampf erwärmen.

Tostadas und Totopos

Knusprig gebratene, frittierte und gefüllte Tortillas heißen in Mexiko Tostadas. In unseren Breitengraden werden letztere gerne mit den weichen Tacos verwechselt. Dieser Irrtum hängt damit zusammen, dass bei uns in vielen Gaststätten oder Läden sogenannte Taco shells verkauft werden, also knusprige Chips, eine pseudomexikanische, ausländische Erfindung. Tostadas sind bei industrieller Herstellung flach, allenfalls leicht gewellt. Geviertelt nennt man sie Totopos oder Nachos.

Tostadas können beliebig belegt werden, z. B. mit Hühnerfleisch, Schweinefleisch, Bohnenpüree, Salat, Guacamole, Zwiebeln, Tomaten usw., garniert mit Crème fraîche oder Käse. Ein vor allem bei Amerikanern beliebter Totopo oder Nacho wird in Frijoles refritos getaucht, mit Käse überbacken und mit Olivenscheiben und mit in Essig eingelegten Chiles jalapeños belegt.

Suppen

Gemüse

Salate

Zum Beispiel … Sopa de elote „Mama Coquis"

An keinem Namenstag und Geburtstag und auch nicht bei geschäftlichen Einladungen meines Vaters durfte in meiner Jugendzeit diese feine Suppe fehlen. Diese Suppe habe ich meiner lieben Mutter gewidmet. **Rezept Seite 42**

Sopa tarasca

Bohnensuppe

für 6 Personen

250 g Frijoles bayos (Borlottibohnen)
1½ l Wasser
1 l Hühnerbrühe
2 Tomaten
½ Zwiebel, gehackt
1 EL Öl

12 Tortillas, in Streifen
Öl
100 g Feta, zerbröckelt
4 Chiles pasillas, frittiert, in Stücke gebrochen
wenig Epazote (Teekraut)

Die Suppe ist aus meinem Heimatstaat Michoacán. Das Rezept stammt von meiner Tante Nena, deren Kochkünste ich stets bewundert habe. Vor allem sie hat mir Einblick in diese regionale Küche gegeben.

1
Die Borlottibohnen über Nacht im Wasser einlegen.

2
Die Bohnen anderntags mit dem Einweichwasser aufkochen, bei schwacher Hitze zugedeckt 60 bis 75 Minuten köcheln, Schaum ab und zu abschöpfen. Die Bohnen mit der Kochflüssigkeit und der Hühnerbrühe pürieren.

3
Die Tomaten an der runden Seite kreuzweise einschneiden, in einem Schaumlöffel in kochendes Wasser tauchen, bis sich die Haut löst, unter kaltem Wasser abschrecken. Die Tomaten häuten, den Stielansatz kreisförmig herausschneiden, klein würfeln.

4
Die Tomaten und die Zwiebeln im Mixer pürieren.

5
Das Öl erhitzen, Tomatenpüree beigeben, bei schwacher Hitze einige Minuten köcheln lassen, zum Bohnenpüree geben, 15 Minuten bei schwacher Hitze köcheln. Abschmecken.

6
Tortillastreifen im Öl knusprig braten.

7
Die Bohnensuppe in vorgewärmten Tellern oder Schalen anrichten. Tortillastreifen, Feta, Chiles und Teekraut darüber verteilen.

Varianten
Feta durch geriebenen Cheddar ersetzen. Suppe mit wenig Crème fraîche garnieren. Einige Avocadowürfel als Garnitur dazugeben.

Sopa de ajo

Knoblauchsuppe

für 6 Personen

1 EL Öl
90–100 g Knoblauchzehen, fein gehackt
1 Chile chilica, in Ringen, oder 1 EL gemahlener Chile de arbol
2 große Tomaten, geschält (Seite 38) und klein gewürfelt
½ Zwiebel, fein gehackt
2 TL fein gehacktes Korianderkraut
1,2 l Hühnerbrühe, Seite 78
Salz

6 Brotscheiben
6 Eigelbe von Freilandeiern

1
Chiles, Tomaten, Zwiebeln und Koriander pürieren.

2
Den Knoblauch im Öl andünsten, das Chile-Tomaten-Püree zugeben, 5 Minuten dünsten. Mit der Hühnerbrühe ablöschen, aufkochen, etwa 10 Minuten bei schwacher Hitze köcheln. Abschmecken.

3
Die Brotscheiben im Toaster oder im Backofen hellbraun rösten.

4
Je eine geröstete Brotscheibe in vorgewärmte Suppenteller oder große Suppentassen legen. Das Eigelb auf dem Brot anrichten, die heiße Knoblauchsuppe vorsichtig dazu gießen. Sofort servieren.

Variante
Anstelle des Eigelbes kann man auch ganze Eier nehmen. Die Eier in einer Schüssel verquirlen. Die sehr heiße Suppe unter kräftigem Rühren mit dem Schneebesen zu den Eiern rühren. Sofort servieren.

Sopa de fideo con frijol

Bohnenbrühe mit feinen Nudeln

für 6 Personen

Bohnenbrühe

500 g Frijoles bayos (Borlottibohnen)
2½ l Wasser

Nudelsuppe

2 EL Öl
1 Zwiebel, fein gehackt
1 Knoblauchzehe, fein gehackt
4 Tomaten, geschält (Seite 38) und klein gewürfelt
1,2 l Bohnenbrühe
250 g feine Nudeln
Salz
frisch gemahlener Pfeffer

1 Sträußchen glattblättrige Petersilie, fein gehackt
100 g geriebener Parmesan oder Sbrinz

1

Die Borlottibohnen über Nacht in Wasser einlegen.

2

Das Einweichwasser anderntags weggießen, die Borlottibohnen mit 2½ l frischem Wasser aufsetzen, aufkochen, bei schwacher Hitze zugedeckt 60 Minuten köcheln lassen, Schaum ab und zu abschöpfen. Die Bohnenbrühe abgießen und auffangen. Die Borlottibohnen zum Beispiel für Frijoles refritos, Seite 142, verwenden.

3

Die Zwiebeln und den Knoblauch im Öl andünsten, die Tomaten kurz mitdünsten, mit der Bohnenbrühe ablöschen, aufkochen. Nudeln beigeben, köcheln lassen, bis die Nudeln al dente sind. Mit Salz und Pfeffer würzen.

4

Bohnensuppe in vorgewärmten Suppentassen oder Tellern anrichten. Petersilie und geriebenen Käse darüber streuen.

Diese Suppe ist ein typisches Beispiel, wie andere Esskulturen eine Küche beeinflussen können. Nur so lässt sich erklären, dass die «Sopa con frijol» Nudeln enthält.

Sopa de elote „Mama Coquis"

Maissuppe „Mama Coquis"

für 6 Personen

2 EL Öl
1 Zwiebel, in feinen Ringen
3 Chiles poblanos, aus der Dose, Stielansatz entfernt, in Streifen
300 g Maiskörner, tiefgekühlt, oder Körner von 4 frischen Zuckermaiskolben
1 kleine Zwiebel
1 Knoblauchzehe
2 Tomaten, geschält (Seite 38) und klein gewürfelt
1 l Hühnerbrühe, Seite 78
2 EL Epazote (Teekraut)
100 g Crème fraîche
Salz

2 TL fein gehackter Koriander oder Petersilie

1
Kleine Zwiebel und Knoblauchzehe grob hacken, mit den Tomaten pürieren.

2
Die Zwiebelringe und die Chiles im Öl andünsten, die Maiskörner kurz mitdünsten. Mit dem Tomatenpüree und der Hühnerbrühe auffüllen, das Teekraut zugeben, die Suppe 15 Minuten köcheln lassen. Crème fraîche unterrühren. Abschmecken.

3
Die Maissuppe in vorgewärmten Tellern anrichten. Koriander darüber streuen.

Varianten
Wenn man die Suppe etwas dickflüssiger will und das Maisaroma verstärken möchte, gibt man den Tomaten vor dem Pürieren 2 Esslöffel feinkörnigen Mais bei. Gut in die Suppe passen auch Zucchiniwürfelchen (vor dem Servieren beigeben).

Maiskolben
Die Saison der Zuckermaiskolben ist sehr kurz (Juli bis September). Im richtigen Reifestadium sind die Körner süß und saftig und haben eine sehr kurze Kochzeit. Später werden die Körner mehlig und haben kein Aroma mehr. Am besten werden die Kolben über Dampf gegart und die Körner anschließend mit einem scharfen Messer vom Kolben geschnitten.

Sopa de tortilla

Hühnerbrühe mit Tortillas

für 6 Personen

2 EL Öl
2 Tomaten, geschält (Seite 38) und klein gewürfelt
1 kleine Zwiebel, grob gehackt
1 Chile chilica, Stielansatz entfernt, zerkleinert
1 TL gehackter Koriander
1 Knoblauchzehe, grob gehackt
1½ Hühnerbrühe, Seite 78
1 EL gehackte Epazote (Teekraut)
Salz

2 EL Öl
12 Tortillas, in Streifen, Rezept Seite 102
2 Chiles pasillas, getrocknet, Stielansatz entfernt, in Streifen
200 g Feta, gewürfelt
1 Avocado, gewürfelt
wenig Epazote (Teekraut)
wenig Crème fraîche

1

Tomaten, Zwiebeln, Chiles, Koriander und Knoblauch pürieren.

2

Das Öl erhitzen, das Tomatenpüree zugeben, einige Minuten köcheln lassen, mit der Hühnerbrühe ablöschen. Das Teekraut dazugeben, bei schwacher Hitze 15 Minuten köcheln lassen. Suppe abschmecken.

3

Tortillastreifen und Chiles im Öl knusprig braten.

4

Die Suppe in vorgewärmten Tellern anrichten. Tortillas- und Chilesstreifen, Feta- und Avocadowürfelchen darüber verteilen, mit wenig Teekraut und Crème fraîche garnieren.

Calabacitas a la mexicana

Zucchini auf mexikanische Art

2 EL Olivenöl
1 kleine Zwiebel, fein gehackt
1 Knoblauchzehe, fein gehackt
1 EL Epazote (Teekraut)
3 Tomaten, geschält (Seite 38) und klein gewürfelt
500 g Zucchini, gewürfelt
2 Chiles poblanos, aus der Dose, Stielansatz entfernt, in Streifen
300 g Maiskörner
Salz

Zwiebeln, Knoblauch und Teekraut im Olivenöl andünsten. Tomaten kurz mitdünsten, Zucchini und Chiles zufügen, Gemüse bei schwacher Hitze 10 Minuten köcheln lassen. Die Maiskörner zugeben, erhitzen. Abschmecken.

Champiñones Oaxaca

Champignons mit Chiles und Knoblauch

für 6 Personen

2 EL Öl
2 Chiles guajillos, getrocknet
1 kg Champignons
50 g Knoblauchzehen, gehackt
1½ dl/150 ml Wasser
Salz
1 EL gehackte Epazote (Teekraut)

1
Bei den Chiles die Samen und den Stielansatz entfernen, in Streifen schneiden.

2
Die Champignons je nach Größe ganz lassen, halbieren, vierteln oder in Scheiben schneiden.

3
Chiles und Knoblauch im Öl andünsten, Champignons zugeben, mit dem Wasser ablöschen, offen weich dünsten, abschmecken. Teekraut darüber streuen.

Produkteinfo
Die Chiles guajillos geben den Champignons lediglich einen guten Geschmack. Wer die Pilze schärfer möchte, gibt einen Esslöffel Chile de arbol bei.

Chiles rellenos

Gefüllte Chiles

für 6 Personen
als Mahlzeit

12 Chiles poblanos, frisch, oder aus der Dose

Füllungen
200 g gewürfelter Käse, z. B. englischer Cheddar oder St. Pauli oder Gruyère
2 Chiles poblanos, aus der Dose, gewürfelt

Picadillo – Hackfleischfüllung, Seite 50

Champiñones Oaxaca – Champignonsfüllung, Seite 46 (Pilze ohne Wasser dünsten)

Atún – Thunfischfüllung, Seite 50

Arroz verde – grüner Reis, Seite 149

Frijoles refritos – Bohnenpüree, Seite 142

Papa con Chorizo – Kartoffel-Wurst-Füllung, Seite 51

1
Die Chiles aufschneiden (siehe Bild) und die Samen entfernen. Frische Chiles über Dampf garen, 15 bis 20 Minuten. Chiles aus der Dose über Dampf erhitzen.
2
Für die Käsefüllung die frischen Chileswürfelchen im Dampf weich garen, erkalten lassen. Chiles- und Käsewürfelchen mischen, in die Chiles füllen. Im Backofen bei 200 °C etwa 10 Minuten backen, bis der Käse geschmolzen ist. Übrige Füllungen heiß, mit Ausnahme der Thunfischfüllung, in die heißen Chiles füllen.

Chiles in Eierhülle
Die Chiles aufschneiden und die Samen entfernen. Die Chiles füllen, mit Zahnstochern wieder verschließen. 4 bis 5 Eier trennen, das Eiweiß zu Schnee schlagen, das Eigelb sorgfältig unterziehen, mit wenig Salz würzen. Die Chiles zuerst im Mehl wenden, dann in die Eiermasse tauchen. In der Fritteuse oder der Bratpfanne in reichlich Öl portionenweise frittieren/braten.

Produkteinfo
Chiles poblanos sind in Größe und Aroma vergleichbar mit unserer Peperone/Paprikaschote. Chiles anchos und Chiles jalapeños eignen sich ebenfalls zum Füllen, allerdings sind diese Früchte sehr klein und dünnwandig, was die Arbeit erschwert.

Tipp
Gefüllte Chiles auf Arroz a la mexicana (Reis nach mexikanischer Art), Seite 147, anrichten.

Rellenos de chiles - Atún

Thunfischfüllung

1 Büchse Thunfisch
1 Zwiebel, fein gehackt
Mayonnaise
Senf

1

Den Thunfisch zerpflücken, mit Zwiebeln mischen, mit Mayonnaise und Senf würzen.

2

Chiles füllen und braten: Seite 48

Rellenos de chiles - Picadillo

Hackfleischfüllung

2 EL Öl
1 kleine Zwiebel, gehackt
3 Knoblauchzehen, gehackt
1 Chile chipotle, aus der Dose, Stielansatz entfernt
wenig Zimtstange
8 schwarze Pfefferkörner
3 Nelken
500 g gehacktes Rindfleisch
500 g gehacktes Schweinefleisch
500 g Tomaten, geschält (Seite 38) und klein gewürfelt

1

Zimtstange, Pfefferkörner und Nelken im Mörser zerstoßen. Mit dem Fleisch mischen.

2

Die Tomaten pürieren.

3

Zwiebeln und Knoblauch im Öl andünsten. Pürierte Tomaten, Chile und Fleisch beigeben, aufkochen, die Fleischfüllung bei schwacher Hitze zugedeckt 45 Minuten köcheln lassen.

4

Chiles füllen und braten: Seite 48

Rellenos de chiles - Papa con chorizo

Kartoffelfüllung mit Wurst

500 g fest kochende Kartoffeln
Öl
4 Chorizos, ohne Haut

1

Die Kartoffeln in der Schale im Dampf weich garen, wenig auskühlen lassen, schälen, würfeln.

2

Chorizo klein würfeln, in einer Bratpfanne in wenig Öl braten. Kartoffeln beigeben und mitbraten.

3

Chiles füllen und braten: Seite 48

Tortitas de papa

Kartoffelpuffer

1 kg mehlig kochende Kartoffeln
4 Freilandeier, verquirlt
1 Knoblauchzehe, durchgepresst
350 g Cheddar oder anderer vollfetter Käse, gerieben
Salz
Paniermehl
Öl

1½ dl/150 ml Rahm/Sahne, leicht geschlagen

1
Die Kartoffeln schälen und würfeln, im Dampf weich garen, noch heiß durch ein Sieb drücken oder ein Passevite drehen.

2
Passierte Kartoffeln, Eier, Knoblauch und Käse vermengen, mit Salz abschmecken.

3
Aus der Kartoffelmasse Puffer von 5 bis 7 cm Durchmesser formen, im Paniermehl drehen. Im Öl beidseitig bei mittlerer Temperatur goldbraun braten. Einen Esslöffel Rahm auf jeden Puffer geben. Servieren.

Tipp
Tortitas de papa mit Salsa mexicana, Seite 124, servieren.

Ensalada Cesar

Salat Caesar

für 6 Personen
als Vorspeise

2 Lattiche oder Zuckerhut

Sauce
4 Knoblauchzehen, durchgepresst
1 kleine Zwiebel, fein gehackt
60 g Sardellenfilets
einige Pfefferkörner, im Mörser zerstoßen
3 Eigelbe von Freilandeiern
1 EL Worcestersauce
2 Limonen, Saft
1½ dl/150 ml Olivenöl
50 g geriebener Parmesan
Salz

Öl
12 Scheiben Baguette

wenig Parmesan

1
Beim Lattich nur die inneren Blätter verwenden. Salat in die einzelnen Blätter zerlegen, in Streifen schneiden, waschen und abtropfen lassen.

2
Die Hälfte der durchgepressten Knoblauchzehen und die Zwiebeln mit der Hälfte der Sardellenfilets mischen, das Ganze mit einer Gabel gut zerdrücken. Restliche Zutaten unterrühren, mit Salz abschmecken.

3
Die Brotscheiben in wenig Öl beidseitig bräunen.

4
Die Salatstreifen mit der Sauce mischen, anrichten. Die gerösteten Brotscheiben dazu legen. Mit den restlichen Sardellenfilets garnieren, wenig Parmesan darüber streuen.

Der Salat stammt ursprünglich aus der italienischen Küche. Es gibt in Mexiko kaum ein Restaurant, wo er nicht auf der Speisekarte steht. In gepflegten Gaststätten wird er am Tisch zubereitet. Zu Hause ist er für festliche Anlässe reserviert.

Ensalada de espinacas

Spinatsalat

für 8 Personen
als Vorspeise

500 g zarter Frühlingsspinat
500 g Champignons, in Scheiben
4 kleine Zucchini, klein gewürfelt
2 Orangen, filetiert
200 g Frühstücksspeck, in feinen Scheiben
3 EL Sesamsamen
1 Zwiebel, in feinen Ringen

Sauce
1 Orange, Saft
½ dl/50 ml Apfelessig
1½ dl/150 ml Olivenöl
Salz
frisch gemahlener Pfeffer

1
Den Spinat waschen und trocken schleudern.

2
Die Sesamsamen in einer Bratpfanne ohne Fett rösten.

3
Die Speckscheiben in 1 cm breite Streifen schneiden, in wenig Öl knusprig braten.

4
Spinat, Champignons, Zucchini und Orangen mischen. Anrichten. Speck, Sesamsamen und Zwiebeln darüber streuen. Unmittelbar vor dem Servieren mit der Sauce beträufeln.

Diesen Salat findet man auf mexikanischen Speisekarten eher selten. Der Grund mag sein, dass die Saison des zarten, aromatischen Frühlingsspinats nur wenige Wochen dauert.

Ensalada de nopales

Kaktussalat

für 4 Personen
als Vorspeise

1 Glas Nopalitos, 700 g (Kaktusblätter)
2 Chiles serranos oder jalapeños, aus der Dose
4 Tomaten, Stielansatz entfernt, gewürfelt, Seite 38
1 Knoblauchzehe, durchgepresst
1 Zwiebel, in feinen Ringen
2 EL Korianderkraut, fein geschnitten
Salz
½ Limone, Saft
wenig Chiles-Flüssigkeit

1 Avocado
100 g Frischkäse

1
Nopales unter fließendem warmem Wasser gut waschen. Kräuter und Chiles entfernen. 10 Minuten in kaltes Wasser einlegen. Herausnehmen. Abtropfen lassen. In mundgerechte Stücke schneiden.

2
Bei den Chiles den Stielansatz entfernen, die Chiles hacken.

3
Nopales, Chiles, Tomaten, Knoblauch, Zwiebeln und Koriander mischen, mit Salz, Limonensaft und Chiles-Flüssigkeit abschmecken.

4
Kaktussalat mit den Avocadospalten und dem Frischkäse garnieren.

Tipp
Mit Tortillas oder Totopos (siehe Abbildung) servieren.

Kaktussalat wird in den Restaurants selten serviert. Zu Hause ist er zusammen mit heißen Tortillas eine beliebte Vorspeise.

Fisch

Meeresfrüchte

Zum Beispiel ... Pescado a la veracruzana

Eines der typischsten Fischgerichte, das auf jeder Speisekarte zu finden ist. Mitgebracht haben es die spanischen Eroberer, die damals in der Region Veracruz gelandet sind, und die im Spanischen Bürgerkrieg geflohenen Spanier. In Veracruz ist der spanische Einfluss in der Gastronomie und im kulturellen Leben nach wie vor ungebrochen. Rezept Seite 62

Bacalao a la norteña

Kabeljau an Chilesauce

für 6 Personen
als Mahlzeit

1 kg gesalzener, getrockneter Bacalao (Kabeljau/Klippfisch)

Chilesauce
5 Chiles pasillas, getrocknet
3 Chiles guajillos, getrocknet
3 Chiles anchos, getrocknet
¼ Zimtstange
1 Nelke
2 EL Öl
1 große Zwiebel, fein gehackt
7 Knoblauchzehen, fein gehackt
frisch gemahlener schwarzer Pfeffer

1
Kabeljau 12 bis 24 Stunden in kaltem Wasser einlegen. Das Wasser 3 bis 4 Mal wechseln, damit das Salz genügend ausgeschwemmt wird.

2
Bei den Chiles den Stielansatz entfernen. Die Früchte von Hand aufbrechen, die Samen entfernen. Chiles bei mittlerer Temperatur trocken rösten, 1 bis 2 Minuten. 15 Minuten in warmem Wasser einlegen.

3
Chiles, wenig Einweichwasser, Zimtstange und Nelke pürieren. Durch ein Sieb streichen.

4
Kabeljau in einen Kochtopf geben, mit frischem Wasser zudecken, aufkochen, den Fisch aus dem Kochwasser nehmen. Abkühlen lassen. Fisch von Hand zerpflücken.

5
Zwiebeln und Knoblauch im Öl andünsten, Chilepüree zugeben. 10 bis 15 Minuten köcheln lassen. Mit schwarzem Pfeffer würzen. Kabeljau in die Sauce geben. 10 Minuten köcheln lassen.

Tipp
Mit Arroz a la Mexicana (Mexikanischer Reis), Seite 147, oder Weizentortillas, Seite 103, servieren.

Bacalao
Die klassische Zubereitung ist «a la viscaina», d. h. mit einer Tomatensauce, ähnlich dem «Pescado a la Veracruzana», Seite 62.

Dieses Fischrezept stammt aus Tampico, einer Stadt im Norden Mexikos.

Pescado a la veracruzana

Roter Schnapper an Tomatensauce

für 6 Personen
als Mahlzeit

Tomatenpüree
1 kg Tomaten, geschält und klein gewürfelt, Seite 38
1 große Zwiebel, grob gehackt
2 Knoblauchzehen, grob gehackt

2 EL Olivenöl
je 1 rote, gelbe und grüne Peperone/Paprikaschote, Stielansatz und Samen entfernt, in Streifen
1 Lorbeerblatt
2 EL getrockneter Oregano
1 mittelgroße Zwiebel, in feinen Ringen
3 EL Kapern
6 Filets vom Roten Schnapper, je 140 g
Salz
frisch gemahlener Pfeffer

20 gefüllte Oliven, in Scheiben

1
Tomaten, Zwiebeln und Knoblauch pürieren.

2
Das Olivenöl erhitzen, Tomatenpüree, Peperoni, Lorbeerblatt, Oregano, Zwiebeln und Kapern beigeben, aufkochen. Die Fischfilets in die Sauce legen, etwa 20 Minuten zugedeckt bei schwacher Hitze köcheln, mit Salz und Pfeffer abschmecken.

3
Die Fischfilets mit der Sauce auf vorgewärmten Tellern anrichten. Mit den Oliven garnieren.

Fisch
Dicke Fischfilets zuerst über Dampf etwa 7 Minuten vorgaren.

Varianten
Die Fischfilets im Ofen mit der Tomatensauce auf hoher Stufe kurz überbacken. Roten Schnapper durch Rotbarsch oder Seewolf ersetzen. Wichtig ist, dass es ein Meeresfisch und das Fleisch fest ist.

Trucha envuelta al epazote

Forelle in Teekraut-Marinade pochiert

4 Forellen, küchenfertig
2 große Zwiebeln, in feinen Ringen

Marinade
6 EL Öl
2 EL Limonensaft
2 Knoblauchzehen, fein gehackt
4 EL Epazote (Teekraut)
½ KL Salz
frisch gemahlener Pfeffer

1

Für die Marinade sämtliche Zutaten verrühren. Abschmecken.

2

In die Fischhaut mit einem scharfen Messer mehrere kleine Einschnitte machen, damit die Marinade besser aufgenommen werden kann. Die Forellen mit der Marinade einpinseln, 30 Minuten marinieren.

3

Die Forellen einzeln auf leicht geölte Alufolien legen. Die Zwiebeln darüber streuen. Den Fisch einpacken. Im vorgeheizten Ofen bei 180 °C 30 Minuten braten.

Cazón a la mexicana

Haifisch mit Mandel-Chile-Sauce

600 g Cazón (Haifisch) am Stück, mit Haut und Gräten
Salz
1 kleine Zwiebel, gehackt
2 EL Öl

Chilepüree
½ TL getrockneter Oregano
80 g geschälte, ganze Mandeln
½ TL Zimtpulver
6 Chiles anchos

1
Die Mandeln 5 Minuten in lauwarmem Wasser einweichen. Das Wasser weggießen, die Mandeln trocknen lassen. In der Bratpfanne ohne Fett bräunen.

2
Stielansatz bei den Chiles entfernen. Chiles von Hand aufbrechen. Die Samen entfernen. Bei mittlerer Temperatur 1 bis 2 Minuten trocken rösten. Chiles 15 Minuten in heißem Wasser einlegen.

3
Haifisch in einen Kochtopf geben. So viel Wasser dazugeben, dass der Fisch zugedeckt ist. Das Wasser salzen. Die Zwiebeln beifügen. Den Fisch bei schwacher Temperatur (das Wasser darf nicht kochen) zugedeckt 15 bis 20 Minuten pochieren. Den Fisch aus dem Kochwasser nehmen. Wenig Kochwasser aufbewahren. Die Haut abziehen und die Gräte entfernen. Den Fisch von Hand zerpflücken.

4
Oregano, Mandeln, Zimtpulver und Chiles mit wenig Einweichwasser pürieren. Durch ein Sieb streichen.

5
Das Öl erhitzen. Chilepüree dazugeben, 10 Minuten köcheln lassen. Zerpflückten Fisch mit wenig Kochwasser zur Sauce geben, weitere 10 Minuten köcheln lassen.

Produkteinformation
Getrockneten, gesalzenen Cazón (Haifisch) vor der Zubereitung einen Tag in Wasser einlegen. Das Wasser mehrmals wechseln, damit das Salz gut ausgeschwemmt wird. Anschließend im Wasser (ohne Salz), jedoch mit der Zwiebel, garen.

Cazón ist ein junger Haifisch, der ein feines Aroma hat. Er ist ein beliebter Ersatz für den teuren Bacalao. In der Weihnachtszeit wird getrockneter, gesalzener Cazón zu einem Drittel des Preises von Bacalao angeboten.

Ceviche de pescado Acapulco

Marinierter Roter Schnapper

für 8 Personen als Vorspeise

1 kg Filets vom
Roten Schnapper oder Seewolf
3 dl/300 ml Limettensaft

Sauce
2 EL Olivenöl
3 Knoblauchzehen, gehackt
700 g Tomaten, gewürfelt
1 dl/100 ml Ketchup
1 große Zwiebel, gehackt
frisches Korianderkraut oder
Petersilie, fein gehackt
½ EL getrockneter Oregano
einige Spritzer Tabascosauce
Salz

2 Chiles serranos oder
jalapeños, eingelegt oder
frisch, fein gehackt
100 g gehackte Oliven
4 Avocados, geschält, halbiert,
entsteint, gewürfelt

gefüllte Oliven, in Scheiben
½ Salatgurke, geschält,
in halbierten Scheiben
2 Limonen, in Scheiben

1
Fischhaut entfernen, Filets in Würfel schneiden. Mit dem Limettensaft marinieren. 2 Stunden kühl stellen.

2
Den gehackten Knoblauch im Olivenöl weich dünsten. Mit einer Gabel zerdrücken.

3
Knoblauch, Tomaten, Ketchup, Zwiebeln, Koriander, Oregano sowie Tabascosauce verrühren, mit Salz abschmecken. Fischwürfel, gehackte Chiles und Oliven sowie Avocadowürfel mit der Sauce mischen.

4
Den Fischsalat in großen Glasschalen anrichten. Mit Oliven, Gurken und Limonen garnieren. Mit knusprig gebratenen Tortillas servieren.

Anmerkung
Bei unserer letzten Reise nach Mexiko wurden wir von Freunden nach Acapulco eingeladen, dem Ort, wo dieses Rezept herkommt. Das von der Köchin des Hauses servierte Ceviche werden wir so rasch nicht vergessen! Nach ihrem Geheimnis gefragt, hat uns die Dame des Hauses verraten, dass sie den Fisch vor dem Marinieren 5 Minuten in einem Fischfond pochiert und nachher zusammen mit einigen Krevetten/Garnelen mariniert.

Huachinango Tikin Xik

Roter Schnapper vom Grill

für 6 Personen als Mahlzeit

1½ kg Roter Schnapper oder Seewolf,
Öl

Marinade
100 g Achiote-Paste
frisch gemahlener schwarzer Pfeffer
1 KL Kümmelsamen
1 KL Oregano
1 EL Chile de arbol (Pulver)
3 Knoblauchzehen, durchgepresst
0,7 dl /70 ml Blutorangensaft, frisch gepresst
3 EL weißer Essig
Salz

1 große rote Zwiebel, in Ringen, für die Garnitur
Radieschenscheiben, für die Garnitur

1
Den Schnapper innen und außen mit kaltem Wasser abspülen. Trocken tupfen.

2
Für die Marinade sämtliche Zutaten verrühren, mit Salz abschmecken.

3
Den Schnapper innen und außen mit der Marinade einpinseln. Über Nacht im Kühlschrank marinieren.

4
Den Ofen- oder Gartengrill vorheizen. Den Rost einölen. Auseinandergeklappten Fisch mit der Hautseite unten auf den Rost legen, etwa 20 Minuten grillen. Immer wieder mit der Marinade einpinseln. Oberseite mit wenig Öl einpinseln dann den Fisch wenden und fertig grillen, 5 bis 10 Minuten.

Das Rezept stammt von der «Isla Mujeres» im Süden Mexikos. Auf dieser Insel werden für die Touristen «Fisch Happenings» organisiert. Zuerst geht es mit den Fischern auf hohe See. Wieder an Land, wird die «Beute» mit heißen Tortillas und kühlem Bier genossen.

Camarones al chipotle

Krevetten an Chiles-chipotles-Sauce

für 6 Personen
als Mahlzeit

100 g Butter
1 kg mittelgroße Krevetten/Garnelen, geschält
1 kleine Zwiebel, fein gehackt
2 Knoblauchzehen, gehackt
1 EL Maisstärke

Chiles-chipotles-Sauce
4 Chiles chipotles, aus der Dose
½ l Rahm/Sahne
1 Sträußchen glattblättrige Petersilie, fein gehackt
Salz
frisch gemahlener Pfeffer

2 Limonen, Saft

1
Krevetten, Zwiebeln und Knoblauch in der Butter dünsten, die Maisstärke darüber streuen, mit wenig heißem Wasser ablöschen. Warm stellen.

2
Die Hälfte der Chiles chipotles zusammen mit dem Rahm pürieren. Probieren. Je nach gewünschter Schärfe alle oder nur einen Teil der restlichen Chiles chipotles dazugeben. Nochmals pürieren.

3
Chiles-chipotles-Sauce und Petersilie zu den Krevetten geben, wenig einköcheln lassen. Abschmecken.

4
Die warmen Krevetten mit dem Limonensaft beträufeln. Mit der heißen Sauce übergießen.

Tipp
Dazu Reis servieren.

Atole de camaron

Riesenkrevetten mit Chile-pasilla-Sauce

für 6 Personen als Vorspeise

3 EL Olivenöl extra nativ
1 kg Riesenkrevetten/-garnelen mit Schale

Chile-pasilla-Sauce
2 Chiles pasillas, getrocknet
½ l Wasser
50 g Maismehl, mit wenig Wasser angerührt
2 EL getrockneter Oregano
Salz

1
Krevetten von unten der Länge nach so einschneiden, dass man den am Rücken verlaufenden dunklen Darm entfernen kann, die Schale aber nicht durchtrennen. Im Olivenöl anbraten.

2
Bei den Chiles pasillas den Stielansatz entfernen. Früchte von Hand aufbrechen. Samen entfernen. Bei mittlerer Temperatur ohne Fett rösten, 1 bis 2 Minuten. Chiles 15 Minuten in warmem Wasser einlegen, mit wenig Einweichwasser pürieren.

3
Das Wasser aufkochen. Das angerührte Maismehl mit dem Schneebesen unterrühren. Chiles-Püree, Oregano und Krevetten in den Topf geben, 15 Minuten zugedeckt bei schwacher köcheln lassen. Mit Salz abschmecken.

Geflügel

Fleisch

Zum Beispiel ... Pollo en mole poblano

Es gibt unzählige Mole-Rezepte. Gemeinsam ist ihnen, dass die Zubereitung recht zeitaufwändig ist und die Sauce immer Chiles enthält. Eine der besten Mole, die ich je gegessen habe, hat meine Freundin Maria Dolores gekocht. Sie war so lieb, mir ihr Rezept zu verraten. Rezept Seite 80

Pollo en pipian verde

Poulet an Kürbiskern-Tomatillos-Sauce

für 6 Personen
als Mahlzeit

1 gekochtes Poulet,
ca. 1½ kg, Seite 78

Kürbiskernpaste
80 g Kürbiskerne
20 g Sesamsamen
50 g geschälte Mandeln
4 schwarze Pfefferkörner
2 Nelken
½ KL Kümmelsamen
2 EL grob geschnittenes
Korianderkraut
2 EL Epazote (Teekraut)
1 dl/100 ml Hühnerbrühe,
Seite 78

Tomatillos-Sauce
1 kg Tomatillos
8 Chiles serranos,
frisch oder aus der Dose
3 Knoblauchzehen
1 Zwiebel, grob gehackt
3 Blätter Eisbergsalat
3 Radieschenblätter

2 EL Öl

1
Kürbiskerne, Sesamsamen und Mandeln in einer Pfanne ohne Fett rösten, fein reiben/mahlen. Die Kernenmischung mit den Gewürzen und der Hühnerbrühe zu einer Paste pürieren.

2
Die Tomatillos zerkleinern, mit den übrigen Zutaten pürieren, durch ein Sieb streichen.

3
In einem großen Topf wenig Öl erhitzen, Tomatillos-Sauce dazugeben, einige Minuten köcheln lassen, die Kernenpaste unterrühren.

4
Das in Stücke zerlegte Poulet in der Sauce erwärmen.

Variante
Das ganze Poulet durch gebratene Pouletbrustfilets ersetzen; siehe Pechugas de pollo con rajas, Seite 76.

Pechugas de pollo con rajas

Pouletbrust mit Chile-poblano-Streifen

für 6 Personen
als Mahlzeit

900 g Poulet-/Hähnchen-brustfilets
Salz
Öl
3 Chiles poblanos, aus der Dose, Stielansatz entfernt, in Streifen
250 g Maiskörner, tiefgefroren oder aus der Dose
1 Becher (1,8 dl/180 ml) Rahm/Sahne
Salz

Die Pouletbrustfilets mit Salz würzen. Im Öl beidseitig je 5 bis 7 Minuten braten. Chiles, Maiskörner und Rahm zugeben, die Sauce ein wenig eindicken lassen, mit Salz abschmecken.

Variante
Cheddarkäse oder beliebigen geriebenen Käse über das fertige Gericht streuen. Im Ofen kurz überbacken.

Pollo al ajillo

Pouletstreifen mit Chiles und Knoblauch

für 6 Personen
als Mahlzeit

Öl
900 g Poulet-/Hähnchenbrustfilets, in breiten Streifen
2 EL gemahlener Chiles de arbol, nach Belieben
6 Chiles guajillo, getrocknet
frisch gemahlener Pfeffer
10 Knoblauchzehen, fein gehackt
6 EL Sojasauce
6 EL Worcestersauce
6 EL Rotwein
1 TL Mehl

rote Zwiebeln, in Streifen

1
Bei den Chiles den Stielansatz und die Samen entfernen, in Streifen schneiden.

2
Pouletstreifen, Chilepulver und Chiles-Streifen im Öl kräftig anbraten. Mit Pfeffer würzen. Knoblauch, Soja- und Worcestersauce sowie den mit Mehl verrührten Rotwein zugeben, kurz weiterbraten. Mit den Zwiebeln garnieren.

Pollo al ajillo ist eigentlich nichts Spektakuläres. Und dennoch kommen viele Amerikaner gerade wegen dieses Gerichtes nach Zihuatanejo. Die Köchin des Hauses gab mir zum Abschied ihr Rezept mit auf den Weg nach Europa.

Caldo de pollo

Hühnerbrühe – Grundrezept

2 Knoblauchzehen, grob gehackt
1 große Zwiebel, grob gehackt
1 Karotte, grob gehackt
2 kleine Zucchini, in dicken Scheiben
2 Spross Stangensellerie, in Scheiben
1 ganzes Poulet, küchenfertig
2 Nelken
10 schwarze Pfefferkörner
Salz

Gemüse, Poulet und sämtliche Gewürze in einen großen Kochtopf geben, mit so viel Wasser auffüllen, dass das Poulet damit gut bedeckt ist, aufkochen, mit Salz würzen, bei schwacher Hitze etwa 1 Stunde köcheln. Das Poulet herausnehmen. Die Hühnerbrühe durch ein Spitzsieb/Saucensieb passieren. Erkalten lassen. Fettschicht entfernen.

Pouletfleisch
Für die Rezepte Seite 74, 80, 82 und als Füllung für Tortillas verwenden.

Tipp
Caldo de pollo kann im Geschmack noch verbessert werden, wenn Leber, Magen und Hals mitgegart werden.

Sabanita de pollo „Polo loco"

Pouletbrust mit Bohnenpüree überbacken

für 6 Personen
als Mahlzeit

900 g Poulet-/Hähnchen-brustfilets
Salz
2–3 EL Öl

Sauce
1 Dose Nopales (Kaktusblätter)
300 g Frijoles refritos (Bohnenpüree), Seite 142
4 Chiles chipotles, aus der Dose, Stielansatz entfernt
½ l Rahm/Sahne
Salz

6 Portionen Arroz a la mexicana (Mexikanischer Reis), Seite 147
2 EL Epazote (Teekraut)
100 g geriebener Cheddar oder anderer leicht schmelzender Reibkäse

1
Die Pouletbrustfilets möglichst flach klopfen, mit Salz würzen. Im Öl beidseitig braten, je nach Dicke insgesamt 5 bis 10 Minuten.

2
Die Kaktusblätter unter fließendem warmem Wasser gut reinigen, in 2 cm breite Streifen schneiden.

3
Den Backofen auf 220 °C vorheizen.

4
Bohnenpüree, Chiles sowie Rahm pürieren, unter Rühren erhitzen, abschmecken. Kaktusblätter dazugeben.

5
Pouletbrustfilets auf dem Reis anrichten. Die Sauce darüber gießen. Das Teekraut und den Käse darüber streuen. 5 bis 8 Minuten bei 220 °C überbacken.

Dies ist kein Gericht der klassischen mexikanischen Küche. Sehr mexikanisch sind aber die Zutaten. Ich habe es für meine Gäste im «El Azteka» kreiert.

Mole poblana de pollo

Poulet an Mole-Sauce

für 6 Personen als Mahlzeit

1 gekochtes Poulet, 1½ kg, S. 78

Mole poblano (12 Portionen)

300 g Schweineschmalz/-fett
2 große Zwiebeln, gehackt
12 Knoblauchzehen, gehackt
2 Tomaten, geschält (Seite 38) und klein gewürfelt
5 Tomatillos, Stielansatz entfernt (bei frischen Früchten Schale entfernen)
je 250 g Mandeln und Erdnüsse
200 g entsteinte Dörrzwetschgen
1 Kochbanane
1 KL gehacktes Korianderkraut
1 KL Anissamen
1 Zimtstange
1 Tortilla, stark geröstet
1 trockenes Brötchen, gewürfelt
8 dl/800 ml Geflügelbrühe, S. 78
15 Chiles mulatos
8 Chiles anchos
3 Chiles pasillas
1 Chile chipotle
120 g mexikanische Schokolade
50 g Zucker, Salz

1
100 g Schweineschmalz erhitzen. Die Hälfte der gehackten Zwiebeln und 8 gehackte Knoblauchzehen dazugeben, dünsten. Beiseite stellen.

2
Tomaten, Tomatillos, restliche Zwiebeln und restlichen Knoblauch im Mixer pürieren. 100 g Schweineschmalz erhitzen. Püree dazugeben.

3
Mandeln, Erdnüsse, Zwetschgen, Kochbanane, Koriandergrün, Anis und Zimt im restlichen Schweineschmalz (100 g) kurz braten. Auf Küchenpapier abtropfen lassen.

4
Die unter Punkt 1 und 3 vorbereiteten Zutaten mit der Tortilla, den Brotwürfelchen und der Geflügelbrühe pürieren. Unter das Tomatenpüree rühren. Bei schwacher Hitze 1 Stunde köcheln lassen.

5
Bei den getrockneten Chiles den Stielansatz entfernen. Früchte von Hand aufbrechen. Samen entfernen. Bei mittlerer Temperatur trocken rösten, 1 bis 2 Minuten. Chiles 15 Minuten in heißem Wasser einlegen. Pürieren. Durch ein Sieb streichen.

6
Chiles, Schokolade und Zucker zur köchelnden Sauce geben. Mole bei schwacher Hitze 2 bis 3 Stunden köcheln lassen. Sauce häufig rühren. Wenn die Sauce zu dick ist, mit ein wenig Geflügelbrühe verdünnen. Das Poulet portionieren, zur Mole geben, 10 Minuten köcheln lassen.

Wichtig
Da die Mole sehr zeitaufwändig ist, lohnt es sich, eine große Menge zu kochen. Mole lässt sich tiefgefrieren.

Indianilla steht für einen bekannten Marktplatz außerhalb von Mexiko-City. Auf diesem Markt und auf vielen anderen Märkten wird diese typische mexikanische Suppe serviert.

Caldo de Indianilla

Poulet indianilla

60 g Kichererbsen
1 Poulet, Zubereitung Seite 78
60 g Mittelkornreis

Beilagen
Zwiebeln, fein gehackt
frische Chilischoten, fein gehackt, oder Chiles piquín, getrocknet
Korianderkraut, fein gehackt
Limonen, in Scheiben

1
Kichererbsen über Nacht in kaltem Wasser einlegen. Anderntags Wasser weggießen.

2
Caldo de pollo zusammen mit den Kichererbsen nach Grundrezept Seite 78 kochen. Nach etwa 30 Minuten den Reis beifügen und fertig kochen.

3
Das Poulet in Stücke schneiden oder das Poulet häuten und das Fleisch zerpflücken.

4
Das Pouletfleisch in vorgewärmte Suppenteller oder Suppentassen anrichten, die heiße Hühnerbrühe dazu gießen. Mit den verschiedenen Beilagen (in Glasschalen) servieren.

Carne apache

Tatar mit Tomaten, Chiles und Ei

für 6 Personen
als Vorspeise

500 g mageres Rindfleisch, nicht zu fein gehackt
500 g mageres Schweinefleisch, nicht zu fein gehackt
6 Limonen, Saft

4 Tomaten, Stielansatz entfernt, klein gewürfelt
1 kleine Zwiebel, fein gehackt
3 Chiles serranos, frisch oder eingelegt, Stielansatz entfernt, oder 3 frische Chilischoten, fein geschnitten
das Weiße von 2 hart gekochten Freilandeiern, fein gehackt
2 EL Essig (von den Chiles)
Salz

1

Fleisch und Limonensaft mischen. 1½ Stunden bei Zimmertemperatur marinieren.

2

Mit den restlichen Zutaten mischen. Abschmecken.

Zu Hause war es fast ein fester Brauch, dass ich bei Familienfeiern oder Wochenendausflügen mit Freunden mit Tatar a la mexicana, einer meiner Spezialitäten, aufwartete. Carne apache ist auch ein beliebtes Katerfrühstück. Man bekommt es auch an zahlreichen Verpflegungsständen in den Straßen. Zu Carne apache gehören Tostadas oder Totopos.

Albondigas

Fleischklößchen an Tomatensauce

für 6 Personen
als Mahlzeit

Fleischklößchen

500 g Schweinefleisch, gehackt
500 g Rindfleisch, gehackt
1 kleine Zwiebel fein gehackt
1 Freilandei
1 Tasse gekochter Reis
1 TL Maisstärke
2 Knoblauchzehen, gehackt
3 hart gekochte Freilandeier, geschält, fein gehackt
1 Chile chipotle, aus der Dose, gehackt

Tomatensauce

1 kg Tomaten, geschält (Seite 38) und klein gewürfelt
1 dl/100 ml Gemüsebrühe
1 kleine Zwiebel, gehackt
1 Knoblauchzehe, grob gehackt
½ TL Kümmelpulver
1 Chile chipotle, aus der Dose

1
Für die Sauce sämtliche Zutaten pürieren.

2
Die Klößchenzutaten, außer den gehackten Eiern und dem Chile, gut mischen. Abschmecken. Gehackte Eier zur Klößchenmasse geben.

3
Die Tomatensauce erhitzen. Aus der Fleischmasse kleine Klößchen formen. Zusammen mit den gehackten Chiles in die Sauce geben. Bei schwacher Temperatur zugedeckt 45 Minuten garen.

Tipp
Mit Reis servieren.

Albondigas sind ein typisches Alltagsgericht. Sie werden auch in Fondas (kleinen Restaurants) als günstiges Tagesmenü angeboten.

Puntas de filete a la mexicana

Rindsfilet nach mexikanischer Art

für 6 Personen
als Mahlzeit

1 EL Öl
1 große Zwiebel, fein gehackt
1 kg Rindsfilet, in Streifen
6 frische Chile chilaca, Stielansatz entfernt, in Ringen
1 kg Tomaten, geschält (Seite 38), Stielansatz entfernt
Salz

Marinade
½ TL Kümmelsamen
3 Knoblauchzehen, grob gehackt
5 EL Öl
Salz
frisch gemahlener Pfeffer
2 EL gehacktes Korianderkraut

1
Für die Marinade Kümmel und Knoblauch im Mörser zerstoßen. Mit dem Öl verrühren. Mit Salz und Pfeffer würzen. Koriander unterrühren.

2
Rindsfiletstreifen mit der Marinade mischen. Mindestens 3 Stunden bei Zimmertemperatur marinieren.

3
Die Zwiebeln im Öl glasig dünsten. Fleisch und Marinade zugeben, bei starker Hitze 5 Minuten braten. Chiles und Tomaten beigeben. 10 Minuten dünsten. Abschmecken.

Mole de olla

Reichhaltiger Eintopf mit Rindfleisch

für 8 Personen
als Mahlzeit

1,2 kg Rindfleisch für Gulasch, in großen Würfeln
1 Markbein, ca. 300 g
2 EL Epazote (Teekraut)
2 l Wasser
Salz
6 Zucchini, in 5 cm langen Stücken
2 Karotten, in Scheiben
1 Hand voll grüne Bohnen
3 Zuckermaiskolben, in 5 cm langen Stücken
4 kleine Kartoffeln

Chilepüree
2 Chiles anchos, getrocknet
4 Chiles pasilla, getrocknet
3 Knoblauchzehen
1 kleine Zwiebel, gehackt

gehacktes Korianderkraut
gehackte Zwiebeln
Limonen, in Scheiben

1
Für das Chilepüree den Stielansatz bei den Chiles entfernen. Früchte von Hand aufbrechen, die Samen entfernen. Schoten bei mittlerer Temperatur trocken rösten, 1 bis 2 Minuten, dann 15 Minuten in heißes Wasser einlegen. Chiles, Knoblauchzehen und Zwiebeln pürieren.

2
Rindfleisch, Markbein und Teekraut mit dem Wasser in einem großen Topf aufkochen, den Schaum ab und zu abschöpfen. Chilepüree zugeben. Salzen. Nach 45 Minuten Garzeit Zucchini, Karotten, grüne Bohnen, Maiskolben und Kartoffeln zugeben, köcheln lassen, bis alles gar ist.

3
Koriandergrün, Zwiebeln und Limonenscheiben in Glasschalen füllen. Zusammen mit heißen Tortillas zur Mole de olla servieren.

Variante
Das Originalrezept enthält Tomatillos. Da sie frisch nur selten erhältlich sind und man sie durch Konserven ersetzen muss, wurden sie weggelassen. Geschmacklich ist kein großer Unterschied auszumachen.

Chiles
Ich habe viele Köchinnen und Köche gefragt, ob sie das Chilepüree durch ein Sieb streichen. Man ist geteilter Meinung. Die Mole de olla ist in jedem Fall würziger, wenn die Sauce nicht passiert wird.

Bisteces de res encebollados a la cerveza

Rindsschmorschnitzel an Bier-Tomaten-Sauce

für 6 Personen
als Mahlzeit

6 dünne Rindsschnitzel zum Schmoren, je 140 g
Salz
frisch gemahlener Pfeffer
6 EL Öl
6 Zwiebeln, in feinen Scheiben
2 dl/200 ml helles Bier
1 EL Worcestersauce
1 TL Maisstärke, mit wenig Wasser angerührt
1 EL gehacktes Korianderkraut
Salz

Tomatenpüree
1 kg Tomaten, geschält (Seite 38), Stielansatz entfernt
1 Knoblauchzehe, gehackt
2 Chiles serranos oder jalapeños, frisch oder aus der Dose, Stielansatz entfernt

1
Tomaten, Knoblauchzehe und Chiles pürieren.

2
Die Rindsschnitzel mit Salz und Pfeffer würzen. Im heißen Öl beidseitig kurz braten, Zwiebelscheiben dazugeben und glasig dünsten, mit dem Bier und der Worcestersauce ablöschen, bei schwacher Hitze 10 Minuten köcheln lassen.

3
Maisstärke und Tomatenpüree glatt rühren, zum Fleisch geben, bei schwacher Hitze zugedeckt etwa 30 Minuten köcheln. Koriander unterrühren. Abschmecken.

Bistec de metate o totopo

Hackfleischplätzchen nach Tante Conchita

für 6 Personen
als Mahlzeit

500 g Rinds- und Schweinefleisch, sehr fein gehackt (vom Metzger zweimal durch den Fleischwolf drehen lassen)
2 Freilandeier
2 EL gehackte glattblättrige Petersilie
3 EL Tomatenketchup
1 EL Senf, 2 El Mehl, Salz

Paniermehl/Semmelbrösel
Öl

1
Sämtliche Zutaten für die Hackfleischplätzchen gut vermengen, mit Salz abschmecken.

2
Aus der Fleischmasse Kugeln formen. 2 Klarsichtfolien oder einen aufgeschnittenen Plastikbeutel mit wenig Olivenöl einpinseln. Fleischkugel zwischen die Folien legen. Mit dem Nudelholz ca. 2 mm dick ausrollen. Die Fleischplätzchen müssen nicht rund sein. Im Originalrezept sind sie rechteckig. Nun eine Folie vorsichtig entfernen. Hackfleischplätzchen in das Paniermehl drücken. Zweite Folie entfernen. Die Plätzchen vorsichtig wenden. Die zweite Seite in das Paniermehl drücken.

3
Die Hackfleischplätzchen im Öl bei mittlerer Temperatur je 5 Minuten braten.

Meine Tante Conchita aus Patzcuaro, Michoacán, wusste diese Hackfleischplätzchen wie keine zweite zuzubereiten. Es war immer ein Ereignis, wenn sie mich während der Ferien damit überraschte.

Tipp
Mit Frijoles refritos (Bohnenpüree), Seite 142, und Salsa mexicana (Sauce nach mexikanischer Art), Seite 124, servieren.

Metate
Küchengerät, das aus Lavastein gehauen ist. Es sieht einem Mörser ähnlich, nur ist es flacher. In den Provinzen wird Metate heute noch zum Reiben und Zerkleinern von Kernen, Chiles und auch Fleisch verwendet.

Costillas de cerdo en salsa verde con nopales

Schweinsbrust an Tomatillos-Sauce mit Kaktus

4 Schweinsbrustscheiben mit Knochen
½ l heißes Wasser
1 Dose Nopales (Kaktusblätter), 700 g
Salz

Marinade
½ TL Kümmelsamen
6 Knoblauchzehen, gehackt
½ TL Salz
1–2 EL Öl

Tomatillos-Sauce
500 g Tomatillos, frisch oder aus der Dose
1 kleine Zwiebel, grob gehackt
4 Chiles serranos oder jalapeños, Stielansatz entfernt, frisch oder aus der Dose
2 EL gehacktes Korianderkraut
Salz

1
Für die Marinade Kümmel, Knoblauch und Salz im Mörser zerstoßen, das Öl zugeben, zu einer Paste rühren.

2
Schweinebrustscheiben mit der Marinade einstreichen. Mindestens 3 bis 4 Stunden oder über Nacht marinieren.

3
Die frische Tomatillos in kochendes Salzwasser geben, bis sich die Haut verfärbt, herausnehmen, zerkleinern.

4
Kaktusblätter mit warmem Wasser reinigen.

5
Sämtliche Zutaten für die Tomatillos-Sauce mit ein wenig Tomatillos-Kochwasser pürieren, mit Salz abschmecken.

6
Die Schweinebrustschnitten in der Marinade auf beiden Seiten kräftig anbraten, mit dem heißen Wasser ablöschen, bei schwacher Hitze köcheln lassen, bis fast alle Flüssigkeit verdampft ist. Garprobe machen. Bei Bedarf noch wenig warmes Wasser dazugeben. Tomatillos-Sauce und Kaktusstreifen zum Fleisch geben. Bei schwacher Hitze 10 Minuten köcheln lassen. Mit Salz abschmecken.

Pozole

Maiseintopf

für 12 Personen
als Mahlzeit

1 kg mageres Schweinefleisch, gewürfelt
1 kg durchzogenes Schweinefleisch, gewürfelt, oder 1 kg Schweinshaxe
2 l Salzwasser

Chiles-Maíz-Püree
12 Chiles guajillo, getrocknet
1 kleine Zwiebel, gehackt
2 Knoblauchzehen, gehackt
2 kg Maíz cacahuazintle (Rundkornmais), aus der Dose

Beilagen
Zwiebeln, fein gehackt
Eisbergsalat, in Streifen
Radieschen, in feinen Scheiben
Limonen, in Spalten oder Scheiben
Avocados, gewürfelt
Chiles piquíns
getrockneter Oregano
Tostadas oder Tortillas

1
Das Schweinefleisch 24 oder 48 Stunden im Voraus im Salzwasser ca. 1 Stunde zugedeckt bei schwacher Hitze kochen. Den Schaum ab und zu abschöpfen. Das Fleisch im Kochwasser erkalten lassen. Die Fleischstücke aus der Brühe nehmen, von Hand zerpflücken. Das Fleisch wieder in die Brühe zurückgeben.

2
Bei den Chiles den Stielansatz entfernen. Die Früchte von Hand aufbrechen, die Samen entfernen. Die Schoten bei mittlerer Temperatur trocken rösten, 1 bis 2 Minuten. Die Chiles 15 Minuten in heißem Wasser einlegen.

3
Chiles, Zwiebeln und Knoblauchzehen mit einer Tasse Fleischbrühe pürieren, durch ein Sieb streichen. Chiles ein zweites Mal mit 2 Tassen Rundkornmais pürieren.

4
Chiles-Mais-Püree und restlichen Rundkornmais zum Fleisch geben, aufkochen, mit Salz abschmecken.

5
Tortillas im Öl knusprig braten. Abkühlen lassen.

6
Beilagen zusammen mit den Tortillas zum Pozole servieren.

Variante
Die Wahl des Fleisches variiert je nach Region: In einigen Gegenden wird anstelle von Schweinefleisch Pouletfleisch verwendet.

Cochinita pibil

Säuerliches Schweinefleisch

für 6 Personen
als Mahlzeit

1 kg Schweinsragout

Marinade
50 g Achiote-Paste
½ TL getrockneter Oregano
1 Msp Kümmelsamen
4 Pfefferkörner, zerstoßen
2 Knoblauchzehen, gehackt
3 EL Apfelessig
3 EL Blutorangensaft

Cebollas desflemadas - entschärfte Zwiebeln
1–2 rote Zwiebeln, in Ringen
1 EL Essig
1 TL getrockneter Oregano
1 Chile habanero, in Ringen
Salz

1
Für die Marinade sämtliche Zutaten verrühren.

2
Die Fleischstücke mit der Marinade gut mischen. Einige Stunden bei Zimmertemperatur zugedeckt stehen lassen.

3
Das Schweinefleisch mit der Marinade in den Kochtopf geben, so viel Wasser dazugeben, dass das Fleisch bedeckt ist, aufkochen, bei schwacher Hitze zugedeckt 45 Minuten garen.

4
Zwiebelringe, Essig, Oregano sowie Chiles mischen, wenig warmes Wasser dazugeben. 10 Minuten zugedeckt stehen lassen. Mit Salz abschmecken. Über das Fleisch verteilen.

Tipp
Mit Frijoles refritos (Bohnenpüree), Seite 142, servieren.

Das wohl berühmteste Rezept aus dem Süden von Mexiko, der Heimat der Mayas.

Abbildung
Cochinita pibil (links)
Frijoles refritos (rechts), Rezept Seite 142

Tinga poblana

Rauchiger Fleischtopf mit Wurst

für 6 Personen
als Mahlzeit

500 g Schweinefleisch, in großen Stücken
500 g Rindfleisch, in großen Stücken
1 große Zwiebel, halbiert
3 Knoblauchzehen
4 Tomaten, geschält (Seite 38)
2 Chiles chipotles, aus der Dose, Stielansatz entfernt
250 g Chorizo (Schweinswurst), in Stücken
2 Zwiebeln, in feinen Scheiben
2 Knoblauchzehen, fein gehackt
3 Chiles chipotles, aus der Dose, Stielansatz entfernt, in Streifen
1 Lorbeerblatt
1½ dl/150 ml Fleischbrühe (Brühe vom Fleisch)
Salz

1

Das Fleisch zusammen mit den Zwiebelhälften und den Knoblauchzehen im Salzwasser (das Wasser soll das Fleisch bedecken) bei schwacher Hitze 45 bis 60 Minuten kochen, den Schaum ab und zu abschöpfen. Die Fleischstücke aus der Brühe nehmen, noch warm zerpflücken.

2

Zerkleinerte Tomaten und Chiles (2 Stück) pürieren.

3

Schweinswurst in einer Bratpfanne so lange braten, bis das Fett auszulaufen beginnt. Zwiebeln und Knoblauch dazugeben und glasig dünsten. Zerpflücktes Schweinefleisch, Tomatenpüree, Lorbeerblatt und restliche Chiles in den Topf geben, einige Minuten dünsten. Mit der Fleischbrühe ablöschen. Mit Salz abschmecken.

Tipps

Wenn das Fleisch zum Füllen von Quesadillas verwendet wird, keine Fleischbrühe dazugeben, damit die Masse nicht zu flüssig wird. Für eine Mahlzeit Kartoffelwürfelchen mit dem Fleisch etwa 20 Minuten mitgaren.

Dieses mexikanische Standardgericht aus dem Staate Puebla ist eine beliebte Füllung für die Quesadillas.

Lomo de cerdo en adobo

Überbackenes Schweinssteak

für 6 Personen
als Mahlzeit

6 Schweinssteaks vom Karree, je 140 g
Öl

Adobosauce
6 Chiles anchos, getrocknet
3 Chiles pasillas, getrocknet
½ TL Oregano, getrocknet
½ TL Kümmel
1 kleine Zwiebel, zerkleinert
2 Knoblauchzehen, zerkleinert
½ TL Zucker
wenig Zimtstange
6 Pfefferkörner, zerstoßen
500 g Tomaten, geschält (Seite 38), zerkleinert
1½ dl/150 ml Gemüse- oder Fleischbrühe

1
Bei den Chiles den Stielansatz entfernen, die Früchte von Hand aufbrechen, die Samen entfernen. Die Schoten bei mittlerer Temperatur trocken rösten, 1 bis 2 Minuten. Die Chiles 15 Minuten in heißem Wasser einlegen.

2
Chiles, Oregano, Kümmel, Zwiebeln, Knoblauch, Zucker, Zimt, Pfefferkörner und Tomaten pürieren, durch ein Sieb streichen. Das Püree aufkochen, die Gemüsebrühe unterrühren, die Sauce bei schwacher Hitze etwa 30 Minuten köcheln lassen.

3
Den Backofen auf 180 °C vorheizen.

4
Die Schweinssteaks beidseitig kräftig anbraten, in eine ofenfeste Form legen. Mit der Sauce überziehen. Im vorgeheizten Ofen bei 180 °C 10 Minuten überbacken.

Manchamanteles

Schweinssteak mit Bananen und Ananas

für 6 Personen
als Mahlzeit

6 Schweinssteaks (Karree), je 120 g
Öl
6 Ananasscheiben, in Stückchen
3 Kochbananen, in Scheiben
Öl

Chilepüree
4 Chiles anchos, getrocknet
1 kleine Zwiebel, gehackt
1 Knoblauchzehe, gehackt
wenig Zimtstange
6 schwarze Pfefferkörner, zerstoßen
4 Nelken
7 TL Zucker
Öl
¾ dl/75 ml Wasser

1
Bei den Chiles den Stielansatz entfernen, die Früchte von Hand aufbrechen, die Samen entfernen. Die Schoten bei mittlerer Temperatur trocken rösten, 1 bis 2 Minuten. Die Chiles 15 Minuten in heißem Wasser einlegen.

2
Chiles, Zwiebeln, Knoblauch, Zimt, Pfeffer, Nelken und Zucker in wenig Öl andünsten, mit dem Wasser ablöschen, aufkochen, etwa 15 Minuten köcheln lassen. Pürieren und durch ein Sieb streichen.

3
Die Bananen im Öl braten.

4
Die Schweinssteaks in wenig Öl beidseitig kräftig anbraten, Sauce und Ananasstückchen dazugeben. Erwärmen.

5
Das Fleisch mit der Sauce auf vorgewärmten Tellern anrichten, mit den Bananen garnieren.

Die «Nouvelle Cuisine» hat auch in einigen Restaurants in Mexiko Einzug gehalten. Kreative Köche versuchen, typische mexikanische Produkte neu zu kombinieren.

Salpicón

Fleischsalat mit Eisbergstreifen

für 6 bis 8 Personen
als Mahlzeit

1 kg Rindshuftfleisch
1 große Zwiebel, gehackt
18 Tortillas, Seite 102
1 Eisbergsalat
3 Tomaten, Stielansatz entfernt, gewürfelt
10 Oliven
1 große Zwiebel, in feinen Ringen

Sauce
6 EL Olivenöl extra nativ
2 EL Apfelessig
1 TL getrockneter Oregano
Salz
frisch gemahlener Pfeffer

1 Avocado

1
Das Fleisch mit den Zwiebeln in einen Kochtopf geben, mit Salzwasser bedecken, aufkochen, 60 Minuten bei schwacher Hitze köcheln. Das Fleisch aus der Brühe nehmen und erkalten lassen, dann in große Würfel schneiden und diese von Hand zerpflücken.

2
Tortillas im Öl knusprig braten. Abkühlen lassen.

3
Den Eisbergsalat in feine Streifen schneiden.

4
Eisbergsalat, Tomatenwürfelchen, Oliven und Fleisch mit der Sauce mischen.

5
Die Avocado schälen, halbieren und entkernen, in Spalten schneiden.

6
Fleischsalat auf gebratenen Tortillas anrichten. Mit den Avocados und den Zwiebelringen garnieren.

Anmerkung
In Mexiko hat die Temperatur keinen Einfluss auf die Menüwahl. Nach Lust und Laune wird Kaltes, Heißes, Scharfes und weniger Würziges gegessen. Anders in Europa. Ich empfehle deshalb, diesen Fleischsalat an heißen Tagen zuzubereiten.

Tortillas – Tamales

Zum Beispiel ... als Antojitos - für kleine Gelüste

Mexiko wäre nicht Mexiko, gäbe es die Antojitos nicht, deren Duft überall buchstäblich in der Luft liegt. Antojitos sind mehr als Befriedigung eines Urbedürfnisses, nämlich des Hungers. Die «kleinen Gelüste» haben auch soziale und wirtschaftliche Funktionen. Kleine Marktstände beleben die Straßen und Gassen, sorgen für Kontakt unter Menschen unterschiedlichster Couleur und sind für viele eine der wenigen, aber zum Überleben notwendigen Einnahmequellen. Wer auf Antojitos Lust hat, ist an keine Zeit, keinen Ort gebunden ...

Tortillas

Maisfladen

für ca. 50 Tortillas

1 kg Masa harina
(Instant-Tortillamehl)
20 g Salz
1,4 l lauwarmes Wasser
Öl

1

Das Tortillamehl mit dem Salz in einer großen Schüssel mischen, das lauwarme Wasser dazugeben, zu einem Teig zusammenfügen. Den Teig zugedeckt 10 bis 15 Minuten ruhen lassen.

2

Den Teig portionieren, etwa 50 kleine Kugeln formen und diese mit wenig Öl einpinseln. Die Teigkugeln zwischen 2 Klarsichtfolien mit dem Nudelholz dünn ausrollen. Die Rondellen sollten einen Durchmesser von etwa 11 cm haben.

3

Die Tortillas in einer nicht klebenden Bratpfanne bei mitttlerer Hitze (keinesfalls bei starker Hitze) ohne Fett beidseitig je 15 bis 20 Sekunden braten.

Produkteinfo

Im Handel sind Tortillas-Pressen erhältlich. Man deckt die Presse mit Klarsichtfolie ab, gibt die Teigkugel in die Mitte, legt eine zweite Klarsichtfolie darauf, schließt die Presse und drückt den Griff nach unten.

Tipp

Die gebratenen Tortillas können auch tiefgefroren werden. Es lohnt sich deshalb, eine größere Menge zuzubereiten.

Im Norden Mexikos isst man vor allem Weizenfladen.

Tortillas de harina

Weizenmehlfladen

für ca. 40 Tortillas

1 kg Weizenweißmehl/ Mehltype 405
10 g Salz
350 g weiche Butter
½ l Milch

1
Mehl und Salz in einer großen Schüssel mischen. Butter und Milch dazugeben, zu einem weichen Teig kneten. Zugedeckt 15 Minuten ruhen lassen.

2
Den Teig portionieren, etwa 40 kleine Kugeln formen und diese mit wenig Öl einpinseln. Die Teigkugeln zwischen 2 Klarsichtfolien mit dem Nudelholz dünn ausrollen. Die Rondellen sollten einen Durchmesser von etwa 11 cm haben.

3
Die Tortillas in einer nicht klebenden Bratpfanne bei mittlerer Hitze ohne Fett beidseitig je 15 bis 20 Sekunden braten.

Wichtig
Dieser Teig muss mit dem Nudelholz ausgerollt werden. Eine Teigpresse eignet sich dazu nicht.

Sopes

Gefüllte Tortillas-Böden

½ oder 1 Portion Tortillas-Teig, Seite 102
Öl

Frijoles refritos (Bohnenpüree), Seite 142

Papa con Chorizo (Kartoffel-Wurst-Füllung), Seite 51
oder
zerpflücktes Pouletfleisch, Seite 78
oder
Tinga Poblana (zerpflücktes Schweinefleisch), Seite 96

Zwiebeln, fein gehackt
Eisbergsalat, in feinen Streifen
Crème fraîche oder Schlagrahm/-sahne

Sauce, Seiten 124–133

1
Tortillas-Teig: Seite 102

2
Aus den Teigkugeln von Hand etwa 5 mm dicke Rondellen formen.

3
Die Tortillas in einer nicht klebenden Bratpfanne bei mitttlerer Hitze (keinesfalls bei starker Hitze) ohne Fett beidseitig je 15 bis 20 Sekunden braten. So lange sie noch warm sind, mit zwei Fingern einen kleinen Rand drücken (klemmen = pelliscar; in einigen Regionen werden die Sopes auch Pelliscadas genannt). Die Sopes in wenig Öl braten.

4
Die Sopes mit Bohnenpüree bestreichen, das Fleisch darauf verteilen, mit den Zwiebeln und dem Eisbergsalat bestreuen. Mit der Crème fraîche garnieren. Die Sauce separat servieren.

Enfrijoladas de pollo

Tortillas-Rollen mit Pouletfüllung

für 6 Personen
als Mahlzeit

18 Tortillas, Seite 102
Öl

zerpflücktes Pouletfleisch, Seite 78

Sauce
3 Tomaten, geschält (Seite 38), klein gewürfelt
1 kleine Zwiebel, grob gehackt
1 Knoblauchzehe, grob gehackt
2 dl/200 ml Hühnerbrühe (Kochwasser vom Poulet)
1 EL Öl
3 Tassen Frijoles refritos (Bohnenpüree), Seite 142
Salz

6 Chiles jalapeños aus der Dose, Stielansatz entfernt, in Streifen
wenig Schlagrahm/-sahne
1 kleine Zwiebel, gehackt

1
Tomaten, Zwiebeln und Knoblauch mit der Hühnerbrühe pürieren.

2
Das Öl erhitzen, das Tomatenpüree dazugeben, etwa 5 Minuten bei schwacher Hitze köcheln lassen. Das Bohnenpüree dazugeben, mit Salz abschmecken. Die Sauce soll eher dünnflüssig sein; je nach Dicke mit wenig Hühnerbrühe verdünnen.

3
Die Tortillas im Öl beidseitig leicht knusprig braten.

4
Die Tortillas in die heiße Bohnen-Tomaten-Sauce tauchen. Mit dem Pouletfleisch füllen. Aufrollen. Die restliche Sauce über die Tortillas-Rollen verteilen, mit den Chiles jalapeños, dem Schlagrahm und den Zwiebeln garnieren.

Chilaquiles

Überbackene Tortillas mit Spiegelei

für 4 Personen als
Almuerzo (Katerfrühstück)

12 Tortillas, Seite 102
Öl

2 kleine Zwiebeln, fein gehackt
4 KL Epazote (Teekraut)
Hühnerbrühe
Salz
200 g Feta, zerbröckelt
4 dl/400 ml Rahm/Sahne

4 Freilandeier
Butter

Salsa ranchera (Rote Sauce), Seite 132 , oder Salsa verde (Grüne Sauce), Seite 133

1
Tortillas vierteln. In reichlich Öl knusprig braten. Abtropfen lassen. Restliches Öl weggießen.

2
In der Tortillas-Pfanne die Sauce nach Wahl erhitzen, Zwiebeln und Teekraut dazugeben, 5 bis 10 Minuten köcheln lassen. Mit wenig Hühnerbrühe verdünnen. Würzen. Tortillas dazugeben. Erwärmen. Vorsichtig rühren. Den Feta darüber verteilen, den Rahm dazugießen, weitere 2 bis 3 Minuten köcheln lassen. Wichtig: Die Tortillas sollen noch Biss haben.

3
Spiegeleier braten.

4
Chilaquiles in vorgewärmten Tellern anrichten. Auf jeden Teller ein Spiegelei geben.

Varianten
Tortillas in Streifen schneiden. Für ein Hauptgericht zusätzlich zerpflücktes Geflügelfleisch auf die Tortillas geben.

Quesadillas

Gefüllte Teigkrapfen

1 oder 1/2 Portion Tortillas-Teig, aber mit 30 g Salz bei 1/1 Menge

mögliche Füllungen
vollfetter Hartkäse, z. B. geriebener Cheddar, Gruyère usw., gemischt mit gehackten Zwiebeln, Chiles, klein gewürfelten Tomaten usw.

Champiñones Oaxaca (Champignonfüllung), Seite 46

Papa con Chorizo (Kartoffel-Wurst-Füllung), Seite 51

Flor de calabaza (Zucchiniblütenfüllung), Seite 110

Frittieröl

1
Tortillas-Teig ausrollen: Seite 102

2
Die Füllung in die Mitte der Teigrondellen geben. Die Teigränder mit wenig Wasser einpinseln. Die Teigrondellen zusammenklappen, Ränder gut andrücken.

3
Quesadillas im Frittieröl backen.

4
Mit einer Sauce, Seiten 124–133, servieren.

Füllung
Die Füllung soll ziemlich trocken sein.

In Mexiko ist die Zucchiniblüte ein ganz normales Gemüse. Sie wird entweder gebraten, gefüllt, zum Füllen von Quesadillas oder als Suppeneinlage verwendet.

Quesadillas - Flor de calabaza

Teigtaschen mit Zucchiniblüten gefüllt

½ Portion Tortillas-Teig, aber mit 30 g Salz bei 1/1 Menge, Seite 102

7 EL Öl
1 kleine Zwiebel, fein gehackt
wenig Chile, gehackt
12 große Zucchiniblüten
wenig Epazote (Teekraut)
Salz

1

Zucchiniblüten waschen, Stempel entfernen, Blüten kleinschneiden. Öl erhitzen, Zwiebeln darin kurz dünsten, Zucchiniblüten, Chiles und Teekraut zugeben. 1 bis 2 Minuten dünsten. Würzen.

Quesadillas
Zubereitung: Seite 108

Gorditas de frijol

Tortillas mit Bohnenpüree

für 15 Gorditas

250 g Masa harina (Instant-Maismehl)
2 TL Schweineschmalz oder 2 TL Öl
1 TL Salz
3 1/2 dl/350 ml lauwarmes Wasser
Öl

1 Tasse Frijoles refritos (Bohnenpüree), Seite 142

Crème fraîche

1
Eine Schüssel mit handwarmem Wasser bereitstellen, um während des Verarbeitens die Hände eintauchen zu können.

2
Maismehl, Schweineschmalz, Salz und Wasser in eine große Schüssel geben, zu einem Teig zusammenfügen und eine Kugel formen. Etwa 15 Minuten zugedeckt ruhen lassen.

3
Den Teig kurz und kräftig kneten, Kugeln in der Größe eines Tischtennisballs formen, eine Vertiefung drücken, Bohnenpüree einfüllen, durch Drücken/Reiben zwischen den Handflächen in den Teig arbeiten. Den Teig von Hand zu einer Rondelle von etwa 1 cm Dicke drücken.

4
Gorditas in reichlich Öl beidseitig braten.

5
Gorditas am Tisch in die Crème fraîche tauchen.

Tipp
Mit einer Sauce, Seiten 124–133, servieren.

Gorditas de frijol sind beliebte Antojitos, die an Marktständen überall angeboten werden.

Enchiladas almendradas

Tortillas-Rollen mit Mandelsauce

für 6 Personen
als Mahlzeit

18 Tortillas, Seite 102
Öl

Mandelsauce
150 g Chiles anchos, getrocknet
150 g Chiles mulatos, getrocknet
1½ dl/150 ml Vollmilch
1 kleine Zwiebel, gehackt
1 Stück Zimtstange
1 TL getrockneter Oregano
1 TL Zucker
70 g geschälte Mandeln, trocken geröstet und gerieben
Salz

mögliche Füllungen
Seite 108

geschälte ganze Mandeln
1 dl/100 ml Schlagrahm/-sahne

1
Bei den Chiles den Stielansatz entfernen. Die Früchte von Hand aufbrechen, die Samen entfernen. Die Schoten bei mittlerer Hitze ohne Fett rösten, 1 bis 2 Minuten. Die Chiles 15 Minuten in die warme Milch einlegen.

2
Chiles mit Milch, Zwiebeln, Zimt, Oregano, Zucker und geriebenen Mandeln pürieren. Durch ein Sieb streichen. Mit Salz abschmecken.

3
Die Tortillas im Öl knusprig braten.

4
Tortillas in die heiße Sauce tauchen, füllen und aufrollen. Restliche Mandelsauce darüber gießen. Mit dem Schlagrahm und den Mandeln garnieren.

Enchiladas zacatecanas

Tortillas-Rollen mit Schweinefleischfüllung

für 6 Personen
als Mahlzeit

18 Tortillas, Seite 102
Öl

250 g Schweinefleisch, ohne Knochen, in Stücken
1 kleine Zwiebel, grob gehackt
1 TL Salz, 1 l Wasser

6 Chiles poblanos, aus der Dose
2½ dl/250 ml Rahm/Sahne

1 kleine Zwiebel, in feinen Scheiben
150 g Feta, zerdrückt

1
Schweinefleisch, Zwiebeln und Salz mit dem Wasser aufkochen, bei schwacher Hitze zugedeckt köcheln lassen, bis das Fleisch weich ist. Das Fleisch herausnehmen und von Hand zerpflücken.

2
Den Stielansatz bei den Chiles entfernen, mit dem Rahm pürieren.

3
Die Tortillas im Öl beidseitig leicht knusprig braten.

4
Tortillas in die heiße Chiles-Rahm-Sauce tauchen. Mit dem zerpflückten Fleisch füllen. Aufrollen. Restliche Sauce darüber gießen. Mit dem Feta und den Zwiebelscheiben garnieren.

Enchiladas suizas

Tortillas-Rollen mit Pouletfüllung und Käse überbacken

für 6 Personen
als Mahlzeit

18 Tortillas, Seite 102

übrige Zutaten
siehe Enchiladas rojas,
Seite 116, aber ohne Garnitur
200 g Cheddar oder ein anderer gut schmelzender Käse, in Streifen

1
Zubereitung bis Punkt 4: siehe Enchiladas rojas (Tortillas-Rollen mit Pouletfüllung), Seite 116.

2
Den Backofen auf 220 °C vorheizen.

3
Die Tortillas in die heiße Sauce tauchen, das Pouletfleisch darauf verteilen, mit wenig Salz würzen. Aufrollen. Mit der restlichen Sauce übergießen. Tortillas-Rollen in eine ofenfeste Form legen, den Käse darüber streuen.

4
Die Tortillas-Rollen im vorgeheizten Ofen bei 220 °C 5 bis 8 Minuten überbacken.

Tipp
Die Tortillas-Rollen mit Blattsalat anrichten. Mit einem Klecks Crème fraîche und fein geschnittenem Schnittlauch garnieren.

«Suizo» ist in Mexiko auf den Speisekarten häufg anzutreffen. Weshalb? Europäer schmücken Gerichte, die Chiles und Mais enthalten, gerne mit dem Zusatz «a la mexicana». In Mexiko geschieht das Gleiche mit dem Käse. Alles, was mit Käse überbacken wird, erhält den Zusatz «a la suiza», Schweizer Art.

Enchiladas rojas

Tortilllas-Rollen mit Pouletfüllung

= Hühnchen

für 6 Personen
als Mahlzeit

18 Tortillas, Seite 102
Öl

Poulet
1 Poulet, ca. 1½ kg, pfannenfertig
Salz
1 kleine Zwiebel, geviertelt
2 Nelken
1½ l Wasser

Tomatensauce
6 Chiles guajillos, getrocknet
3 Chiles pasillas, getrocknet
3 Tomaten, geschält (Seite 38), gewürfelt
1 kleine Zwiebel, gehackt
2 Knoblauchzehen, gehackt
1½ dl/150 ml Hühnerbrühe (Kochwasser vom Poulet)
1 EL Öl

150 g Queso fresco (Frischkäse) oder zerbröckelter Feta
1½ dl/150 ml Schlagrahm/-sahne
1 Zwiebel, in feinen Ringen

1
Das Poulet innen und außen salzen, mit Zwiebeln, Nelken und Wasser in einen Kochtopf geben, aufkochen, bei schwacher Hitze zugedeckt 30 bis 40 Minuten köcheln lassen. Aus dem Kochsud nehmen. Erkalten lassen. Die Haut entfernen (wird nicht verwendet). Das Fleisch von den Knochen lösen und zerpflücken.

2
Bei den Chiles den Stielansatz entfernen. Die Früchte von Hand aufbrechen, die Samen entfernen. Die Schoten bei mittlerer Temperatur ohne Fett rösten, 1 bis 2 Minuten. Die Chiles 15 Minuten in heißem Wasser einlegen.

3
Chiles, Tomaten, Zwiebeln und Knoblauch mit der Hühnerbrühe (Kochwasser) pürieren. Die Sauce durch ein Sieb streichen. Das Öl erhitzen, die Sauce dazugeben, 15 Minuten bei schwacher Hitze köcheln lassen.

4
Tortillas im Öl beidseitig leicht knusprig braten.

5
Tortillas in die heiße Chile-Tomaten-Sauce tauchen. Das Pouletfleisch darauf verteilen, mit wenig Salz würzen. Aufrollen. Mit der restlichen Sauce übergießen. Mit Frischkäse, Schlagrahm und Zwiebelringen garnieren.

Wichtig
Damit die Pouletmischung nicht zu trocken wird, muss von allen Teilen Fleisch gemischt werden.

Enchiladas de mole

Tortillas-Rollen mit Kakaosauce

18 Tortillas, Seite 102

übrige Zutaten
siehe Enchiladas rojas, Seite 116, ohne Garnitur; Tomatensauce durch Mole, Seite 80, ersetzen

Zubereitung: Punkt 1, siehe Enchiladas rojas (Tortillas-Rollen mit Pouletfüllung), Seite 116.

Enchiladas verdes

Tortillas-Rollen mit grüner Sauce

18 Tortillas, Seite 102

übrige Zutaten
siehe Enchiladas rojas, Seite 116, ohne Garnitur; Tomatensauce durch Salsa verde (Grüne Sauce), Seite 133, ersetzen

Zubereitung: Punkt 1, siehe Enchiladas rojas (Tortillas-Rollen mit Pouletfüllung), Seite 116.

Abbildung, links

Enchiladas rancheras

Tortillas-Rollen mit scharfer Tomatensauce

18 Tortillas, Seite 102

übrige Zutaten
siehe Enchiladas rojas, Seite 116, ohne Garnitur; Tomatensauce durch Salsa ranchera (Rote Sauce), Seite 132, ersetzen

Zubereitung: Punkt 1, siehe Enchiladas rojas (Tortillas-Rollen mit Pouletfüllung), Seite 116.

Abbildung, rechts

Tamales dulces de coco con pasitas

Süß gefüllter Maisteig im Maishüllblatt

für 6 Personen
als Mahlzeit

für 18 Tamales

18 getrocknete Maishüllblätter

125 g weiche Butter
125 g Zucker
500 g Tamales-Mehl
1 TL Maisstärke

Füllung
125 g geraspelte Kokosnuss
80 g Rosinen
3 Tropfen
rote Lebensmittelfarbe

1
Die Maishüllblätter 30 Minuten in heißem Wasser einlegen. Abtropfen lassen.

2
Kokosnussraspel in warmem Wasser einweichen, bis sie weich sind, in ein Sieb abgießen, die Flüssigkeit auffangen.

3
Für den Teig die Butter mit dem Zucker luftig aufschlagen, das Mehl und die Maisstärke dazugeben. Soviel Kokoswasser einkneten, dass ein geschmeidiger, aber nicht flüssiger Teig entsteht. Probe: siehe Punkt 2, pikante Tamales, Seite 121.

4
Kokosnüsse, Rosinen und Lebensmittelfarbe mischen.

5
Tamales herstellen und garen: siehe Punkt 3 bis 6, pikante Tamales, Seite 121.

Tamales salados

Pikant gefüllter Maisteig im Maishüllblatt

für 6 Personen
als Mahlzeit

für 18 Tamales

18 getrocknete Maishüllblätter

500 g Tamales-Mehl
1 EL Salz, 1 TL Zucker
1 KL Backpulver
50 g flüssiges Schweineschmalz (nicht warm), mit dem Schneebesen gut geschlagen
3 dl/300 ml lauwarme Gemüsebrühe oder Milch

mögliche Füllungen
Queso con rajas (geriebener, gut schmelzender vollfetter Hartkäse) mit Streifen von Chiles poblanos

Mole poblano de pollo (Poulet an Mole-Sauce), Seite 80

Pollo en Salsa verde (Poulet an grüner Sauce), Seite 133

Frijoles refritos (Bohnenpüree), Seite 142

1
Maishüllblätter 30 Minuten in heißem Wasser einlegen. Abtropfen lassen.

2
Mehl, Salz, Zucker und Backpulver mischen. Schweineschmalz unterrühren. Unter ständigem Kneten nach und nach lauwarme Gemüsebrühe oder Milch zum Mehl geben, bis man einen weichen, aber nicht flüssigen Teig hat. Probe: Eine kleine Teigkugel in eine Schüssel mit kaltem Wasser geben. Wenn sie schwimmt, hat der Teig die richtige Beschaffenheit. Wenn sie sinkt, ist der Teig zu schwer; in diesem Fall etwas Gemüsebrühe einkneten.

3
Den Teig in 18 Portionen teilen.

4
Die Maisblätter auf die Arbeitsfläche legen. Auf jedes Blatt eine Portion Teig geben und diese mit der Handfläche auseinanderdrücken, so dass ein Rechteck von 6 cm x 8 cm entsteht. Auf allen Seiten sollte ein genügend großer Maisblattrand (etwa 2,5 cm) frei bleiben. Etwa 2 Esslöffel Füllung nach Wahl darauf geben. Das Blatt längs aufrollen. Die Enden einschlagen.

5
Einen großen Kochtopf mit Siebeinsatz mit Wasser füllen. Das Wasser soll mit dem Siebeinsatz nicht in Kontakt kommen. Tamales (je nach Größe können aufs Mal 6 bis 8 Stück gegart werden) leicht schräg in den Siebeinsatz stellen. Das Wasser aufkochen. Tamales zugedeckt bei schwacher Hitze rund 1 Stunde garen. Garprobe: Wenn der Teig am Maisblatt nicht mehr klebt, sind die Tamales gar.

Saucen

Zum Beispiel ... Guacamole

Ein Rezept aus dem Staate Michoacán, dem Avocadoland. Was wäre Mexiko ohne Avocados! Von hier hat die Baumfrucht ihren Siegeszug nach Europa angetreten. In Mexiko nennt man sie «die Butter des Waldes», in Europa «Kaviar der Pflanzenwelt». Jede Familie in Mexiko hütet ihr Rezept. Was aber nie fehlen darf, sind der frische Koriander und die gehackten Chiles. Rezept Seite 128

Salsa mexicana o pico de gallo

Tomatensauce nach mexikanischer Art

6 Tomaten, Stielansatz entfernt, gewürfelt
½ Zwiebel, fein gehackt
1 Knoblauchzehe, fein gehackt
2 EL fein geschnittenes Korianderkraut
2–3 Chiles serranos oder jalepeños, frisch oder eingelegt, fein geschnitten
½ Limone, Saft
Salz

Tomaten, Zwiebeln, Knoblauch, Korianderkraut und Chiles mischen. Limonensaft darüber träufeln, mit Salz würzen, mischen.

Variante
Zusätzlich Avocadowürfelchen unter die Sauce mischen.

Abbildung, hinten links

Abbildung
Salsa mexicana (hinten links)
Sauce nach mexikanischer Art

Salsa verde (hinten rechts)
Grüne Sauce, Seite 133

Salsa de Cacahuate (Mitte links)
Erdnusssauce, Seite 127

Salsa de molcajete (Mitte rechts)
Tomatensauce aus dem Mörser, Seite 131

Salsa ranchera (vorne links)
Rote Sauce, Seite 132

Guacamole (vorne rechts)
Avocadopüree, Seite 128

Salsa mexicana oder pico de gallo heißt die typischste aller mexikanischen Saucen. Sie darf bei keinem Essen fehlen, ob zu Hause, beim Picknick oder im Restaurant. Es herrscht eine große Uneinigkeit, ob und mit wieviel Knoblauch man eine Sauce würzen soll. Ich denke, man ist gut beraten, ihn so zu dosieren, dass er die Sauce nicht dominiert.

Salsa clásica

Klassische Tomatensauce

1 kg Tomaten, geschält (Seite 38), klein gewürfelt
1 kleine Zwiebel, gehackt
2 Knoblauchzehen, gehackt
4 schwarze Pfefferkörner, zerstoßen
2 EL Öl
1 TL getrockneter Thymian
2 Lorbeerblätter
1 Zimtstange
½ l Hühnerbrühe (Seite 78)
Salz

1

Tomaten, Zwiebeln, Knoblauch und Pfeffer im Mixer pürieren.

2

Das Öl erhitzen, Tomatensauce, Thymian, Lorbeer und Zimt dazugeben, bei schwacher Hitze 30 Minuten köcheln lassen, Hühnerbrühe unterrühren, weitere 15 Minuten köcheln lassen. Lorbeer und Zimt entfernen. Mit Salz abschmecken.

Salsa de cacahuate

Erdnusssauce

5 Chiles anchos, getrocknet
3 Chiles pasillas, getrocknet
3 Chiles costeños oder mulatos, getrocknet
3 Knoblauchzehen, grob gehackt
2 EL grob gehackte Zwiebel
300 g Erdnüsse, ohne Schale

2 EL fein gehackte Zwiebel fein gehackt
Öl
Salz

1
Bei den Chiles den Stielansatz entfernen. Die Früchte von Hand aufbrechen, die Samen entfernen. Die Chiles bei mittlerer Hitze ohne Fett rösten, 1 bis 2 Minuten. Chiles 15 Minuten in heißem Wasser einlegen.

2
Chiles, Knoblauch, grob gehackte Zwiebeln und Erdnüsse pürieren.

3
Die feingehackten Zwiebeln in wenig Öl glasig dünsten. Das Erdnusspüree zugeben, bei schwacher Hitze 10 Minuten köcheln lassen.
Mit Salz abschmecken. Je nach gewünschter Konsistenz die Sauce mit etwas Bratenjus oder Gemüsebrühe verdünnen.

Abbildung Seite 125, Mitte links

Diese Sauce wird zu gebratenem Geflügel, Rind- und Schweinefleisch sowie Eiern und Reis serviert.

Guacamole

Avocadopüree

für 6 Personen

8–10 Avocados, gut reif
1 Limone, Saft
2 Chiles serranos oder jalapeños, frisch oder aus der Dose, Stielansatz entfernt, gehackt
1 kleine Zwiebel, fein gehackt
2 EL Korianderkraut, fein gehackt
Salz

Avocados halbieren, den Kern entfernen, das Fruchtfleisch mit der Gabel zerdrücken. Limonensaft, Chiles, Zwiebeln sowie Kräuter unterrühren. Würzen. Avocadokerne wieder unter die Guacamole mischen (verhindert das Braunwerden).

Anmerkung
Avocados unbedingt mit der Gabel zerdrücken und nicht im Mixerglas pürieren. Guacamole soll und darf kleine Avocadostücke enthalten.

Variante
Gewürfelte Tomaten unterrühren.

Abbildung Seite 125, vorne rechts

Salsa brava

Scharfe Chilesauce

10 Chiles cascabel, getrocknet
5 Chiles guajillo, getrocknet
3 Chiles de arbol, getrocknet
½ Zimtstange
5 schwarze Pfefferkörner
1 Nelke
1 TL Kümmelsamen
1 TL getrockneter Oregano
2 EL Apfelessig
1 Zwiebel, gehackt
2 Knoblauchzehen, gehackt
Salz

1

Bei den Chiles den Stielansatz entfernen. Die Früchte von Hand aufbrechen, die Samen entfernen. Die Schoten bei mittlerer Hitze ohne Fett rösten, 1 bis 2 Minuten. Die Chiles 15 Minuten in heißem Wasser einlegen.

2

Sämtliche Zutaten im Mixer pürieren. Durch ein Sieb streichen.

3

Die Chilesauce einige Minuten bei schwacher Hitze köcheln lassen. Mit Salz abschmecken.

Diese sehr scharfe Sauce wird mit Vorliebe zu Rindfleisch serviert und als Grundsauce für Eintöpfe verwendet.

Ihren wenig schmeichelhaften Namen hat die Sauce dem Tequila zu verdanken. Rund um Mexiko-City wird sie zum berühmten Barbacoa serviert (in Maguey-Kaktus-Blätter eingewickeltes Schaffleisch aus dem Naturofen).

Salsa borracha

Besoffene Sauce

6 Chiles pasillas, getrocknet, Stielansatz entfernt
Öl
1½ dl/150 ml Orangensaft, frisch gepresst
2 Knoblauchzehen, fein gehackt
1 Zwiebel, in feinen Scheiben
Salz
1 dl/100 ml Tequila oder 3 dl/300 ml Pulque (Kaktussaft)

wenig geriebener Parmesan

1
Die Chiles in wenig Öl Farbe annehmen lassen, abtropfen lassen. Das Öl für die Zwiebeln aufbewahren.

2
Chiles, Orangensaft und Knoblauchzehen pürieren.

3
Die Zwiebeln im Chileöl andünsten. Das Chilepüree dazugeben, einköcheln lassen. Mit Salz würzen.

4
Kurz vor dem Servieren Tequila oder Pulque unter die Sauce rühren. Mit dem Parmesan bestreuen.

Wichtig
Bei Verwendung von Pulque maximal 3 dl/300 ml nehmen, damit die Sauce nicht fermentiert.

Salsa de molcajete

Tomaten-Chiles-Sauce aus dem Mörser

500 g Tomatillos oder Tomaten
6 Chiles serranos, frisch
2 Knoblauchzehen, gehackt
½ Zwiebel, fein gehackt

1

Tomatillos/Tomaten und Chiles in einer großen schweren Pfanne 5 bis 8 Minuten ohne Fett rösten. Die Haut abziehen. Den Stielansatz entfernen.

2

Die Chiles und den Knoblauch im Mörser zerstoßen. Die Zwiebeln und die Tomaten beigeben, stampfen.

Varianten

Diese Sauce wird normalerweise ohne Koriander gemacht. Wenn man Koriander zugibt, sollte man die Sauce mit ein wenig Limonensaft abschmecken.

Abbildung Seite 125, Mitte rechts

Wenn man eine im Mörser zubereitete Sauce serviert bekommt, lassen sich nostalgische Gefühle kaum unterdrücken. Durch die fortschreitende Technisierung in der Küche musste auch in Mexiko der Mörser vielerorts dem Mixer weichen. Schade, denn im Mörser „gestampfte" Saucen haben ganz eindeutig mehr Aroma und schmecken auch jedesmal anders.

Salsa ranchera

Rote Sauce

500–700 g Tomaten, geschält (Seite 38), klein gewürfelt
6–8 Chiles serranos oder jalapeños, frisch, Stielansatz entfernt
2 EL fein gehacktes Korianderkraut
1 kleine Zwiebel, fein gehackt
1 Knoblauchzehe, fein gehackt, nach Belieben
2 EL Öl
Salz

1
Sämtliche Zutaten, außer dem Öl, im Mixer pürieren.
2
Das Öl erhitzen, die Tomatensauce zugeben, bei schwacher Hitze 10 bis 15 Minuten köcheln lassen. Abschmecken.

Abbildung Seite 125, vorne links

Salsa verde

Grüne Sauce

500 g Tomatillos
6–8 Chiles serranos oder jalapeños, frisch, Stielansatz entfernt
2 EL Korianderkraut, fein gehackt
1 Zwiebel, fein gehackt
1 Knoblauchzehe, fein gehackt, nach Belieben

2 EL Öl
Salz

1
Tomatillos schälen.
2
Die Chiles zusammen mit den Tomatillos im Salzwasser kochen, bis sich die Tomatillos verfärben. Das Wasser weggießen.
3
Sämtliche Zutaten, außer dem Öl, im Mixer pürieren.
4
Das Öl erhitzen, die Tomatensauce zugeben, bei schwacher Hitze 10 bis 15 Minuten köcheln lassen. Mit Salz abschmecken.

Abbildung Seite 125, hinten rechts

Eier

Bohnen

Reis

Zum Beispiel ... Frijoles refritos

Frijoles bayos (Wachtelbohnen/Borlottibohnen), Frijoles negros (kleine schwarze Bohnen) und Flor de majo (Indianerbohnen/ rote Bohnen) usw. zählen in Mexiko zusammen mit Maíz und Chiles zu den drei Grundnahrungsmitteln. Jede Familie schwört auf ihr Bohnenrezept. Wichtig zu wissen für Nicht-Mexikaner: Die Bohnen werden selten als Beilage gegessen, sondern als Eintopf oder eine Art Suppe. Eine große Ausnahme bilden die Frijoles refritos.

Rezept Seite 142

Huevos rancheros sowie Huevos a la mexicana sind die typischsten Eiergerichte in Mexiko. Sie dürfen bei keinem Frühstück fehlen. Als Mahlzeit werden Huevos a la mexicana mit Frijoles refritos und warmen Tortillas serviert.

Huevos a la mexicana

Eier nach mexikanischer Art

für 2 Personen

7 EL Öl
1 Zwiebel, fein gehackt
2 Chiles serranos, frisch, Stielansatz entfernt, zerkleinert
4 Freilandeier, verquirlt
2 Tomaten, Stielansatz entfernt, in kleinen Würfeln
Salz

Zwiebeln und Chiles im Öl andünsten. Verquirlte Eier und wenig später die Tomaten zugeben, Ei stocken lassen. Mit Salz abschmecken.

Huevos rancheros

Spiegelei auf Tortilla mit scharfer Tomatensauce

für 2 Personen
als Mahlzeit

scharfe Tomatensauce
2 Chiles jalapeños
4 große Tomaten, geschält (Seite 38), klein gewürfelt
1 kleine Zwiebel, grob gehackt
1 Knoblauchzehe, grob gehackt
1 EL Öl

Öl
4 Tortillas

4 Freilandeier
1 TL fein gehacktes Korianderkraut, nach Belieben

1
Bei den Chiles den Stielansatz entfernen. Wer es sehr scharf mag, verwendet die Chiles samt Kernen. Andernfalls die Frucht aufschlitzen und die Kerne entfernen.

2
Chiles, Tomaten, Zwiebeln und Knoblauch pürieren.

3
Das Öl erhitzen, die Chile-Tomaten-Sauce zugeben, bei schwacher Hitze etwa 5 Minuten köcheln.

4
Die Tortillas im Öl leicht knusprig braten. Warm stellen.

5
In der Tortillas-Pfanne die Spiegeleier braten.

6
Die Spiegeleier auf den knusprig gebratenen Tortillas anrichten, mit der Chile-Tomaten-Sauce übergießen, den Koriander darüber streuen.

Huevos motuleños

Eier nach Motu-Art

für 2 Personen
als Mahlzeit

Tomatensauce
800 g Tomaten, geschält (Seite 38), gewürfelt
2 Chiles habaneros oder Chiles serranos oder Chiles jalapeños, Stielansatz entfernt, zerkleinert
1 kleine Zwiebel, gehackt
1 Knoblauchzehe, gehackt
frisch gemahlener Pfeffer
1 EL Öl
100 g grüne Erbsen

100 g Schinken, gewürfelt

4 Tortillas
Öl

4 Freilandeier
wenig Öl
1 Tasse Frijoles refritos (Bohnenpüree), Seite 142

1
Für die Tomaten-Chile-Sauce sämtliche Zutaten, ohne Öl, pürieren. Das Öl erhitzen, die Sauce zugeben, 5 bis 10 Minuten köcheln lassen. Die grünen Erbsen etwa 5 Minuten mitkochen.

2
Die Tortillas im Öl beidseitig knusprig braten, warm stellen.

3
In der Tortillas-Pfanne die Spiegeleier braten.

4
Das Bohnenpüree erhitzen, die knusprig gebratenen Tortillas damit bestreichen. Spiegeleier darauf setzen. Mit der heißen Tomaten-Chile-Saucen überziehen. Mit dem Schinken garnieren.

Varianten
Die Eierspeise im Backofen auf Grillstufe kurz überbacken. Schinkenscheiben zwischen das Bohnenpüree und die Spiegeleier legen.

Ein typisches Frühstücksgericht. Als Mahlzeit wird das Rührei mit Bohnenpüree und Tortillas serviert.

Huevos revueltos con chorizo

Rührei mit Schweinswurst

für 2 Personen

1 Chorizo (Schweinswurst), ca. 120 g
wenig Öl
4 Freilandeier, verquirlt
Salz

Die Schweinswurst in Scheiben schneiden, in sehr wenig Öl braten. Die Wurst gibt beim Braten noch Fett ab, deshalb nur wenig Öl nehmen.
Die verquirlten Eier zugeben und stocken lassen. Vorsichtig salzen (die Wurst enthält reichlich Salz).

Frijoles caseros o de la olla

Bohnengericht

für 6 Personen
als Mahlzeit

500 g Frijoles bayos (Borlottibohnen) oder Frijoles negros (kleine schwarze Bohnen)
1 EL Epazote (Teekraut)
1½ TL Salz

1 Zwiebel, fein gehackt
2 EL Schweineschmalz oder Öl

1
Borlottibohen oder schwarze Bohnen über Nacht in kaltem Wasser einlegen. Das Wasser anderntags weggießen. Die Bohnen mit dem Teekraut und reichlich frischem Wasser aufsetzen, aufkochen, bei schwacher Hitze zugedeckt weich garen, 75 bis 90 Minuten, Schaum ab und zu abschöpfen, ganz am Schluss mit Salz würzen. Die Bohnen in ein Sieb abgießen, die Brühe auffangen. Bohnenbrühe für eine Suppe verwenden; Rezept Sopa de fideo con frijol (Bohnenbrühe mit feinen Nudeln), Seite 41.

2
Zwiebeln im Schweineschmalz oder im Öl andünsten, die gegarten Bohnen zugeben, unter Rühren erhitzen.

Anmerkung
In der mexikanischen Küche, insbesondere in den Provinzen, wird viel Schweineschmalz verwendet. Es kann durch Öl ersetzt werden.

Varianten
2 Chorizos (rezente Schweinswürste) in kleine Stücke schneiden und mit den Zwiebeln andünsten. Eine Tasse gegarte Bohnen mit wenig Kochflüssigkeit pürieren, unter die Bohnen rühren.

Frijoles refritos werden vor allem zum Bestreichen von Antojitos (pikante Snacks) oder als Beilage verwendet.

Frijoles refritos

Bohnenpüree

500 g Frijoles bayos (Borlottibohnen)
1 EL Epazote (Teekraut)
1½ TL Salz

1 kleine Zwiebel, gehackt
1 Chorizo (Schweinswurst), in Scheiben, nach Belieben
2 EL Schweineschmalz oder Öl

1

Die Borlottibohnen über Nacht in kaltem Wasser einlegen. Das Wasser anderntags weggießen. Die Bohnen mit dem Teekraut in reichlich frischem Wasser aufsetzen, aufkochen, bei schwacher Hitze zugedeckt weich garen, 75 bis 90 Minuten, den Schaum ab und zu abschöpfen, ganz am Schluss mit Salz würzen. Die Bohnen in ein Sieb abgießen, die Brühe auffangen. Bohnenbrühe für eine Suppe verwenden; Rezept Sopa de fideo con frijol (Bohnenbrühe mit feinen Nudeln), Seite 41.

2

Zwiebeln und Chorizo im Schweineschmalz oder im Öl andünsten, die gegarten Bohnen mit wenig Bohnenbrühe dazugeben, erhitzen, mit einer Gabel gut zerdrücken, sodass eine breiähnliche Masse entsteht.

Abbildung Seite 135

Frijoles puercos

Bohnen nach Bauernart

300 g Frijoles bayos (Borlottibohnen)
600 g Schweinefleisch, klein gewürfelt
2 EL Epazote (Teekraut)
4 Tomaten, geschält (Seite 38), klein gewürfelt
1 große Zwiebel, fein gehackt
Salz

Beilagen
2 Zwiebeln, fein gehackt
2 Chiles habaneros, aufgeschlitzt, entkernt, in dünnen Ringen
2 Zitronen, in Scheiben
2 Bund Radieschen, in Scheiben
2 EL gehacktes Korianderkraut

1

Borlottibohnen kochen: siehe Bohnengericht, Seite 141. Fleisch, Teekraut, Tomaten und Zwiebeln beigeben, 30 bis 45 Minuten zugedeckt bei schwacher Hitze köcheln lassen. Mit Salz würzen.

2

Zwiebeln, Chiles, Zitronen, Radieschen und Korianderkraut in Glasschalen füllen.

3

Den Bohneneintopf in Suppentassen servieren. Jeder würzt am Tisch Frijoles puercos individuell mit den einzelnen Beilagen.

Cerdo con frijoles

Schweinefleisch mit schwarzen Bohnen

für 8 Personen
als Mahlzeit

500 g Frijoles negros (kleine schwarze Bohnen)
1 große Zwiebel, grob gehackt
2 EL Epazote (Teekraut)
ca. 2½ l Wasser
½ kg Schweinefleisch, gewürfelt
Salz

Beilagen
Chiles, fein gehackt, z. B. Chile de arbol
1 Bund Radieschen, fein gehackt
1 rote Zwiebel, fein gehackt
2 Limonen, in Spalten

1
Die schwarzen Bohnen über Nacht im Wasser einlegen. Die Bohnen am nächsten Tag zusammen mit den grob gehackten Zwiebeln und dem Teekraut im Einweichwasser 75 bis 90 Minuten bei schwacher Hitze zugedeckt garen, den Schaum ab und zu abschöpfen. Das Fleisch zugeben und nochmals 60 Minuten köcheln lassen. Mit Salz würzen.

2
Chiles, Radieschen, Zwiebeln und Limonen in Glasschalen füllen.

Servieren
Den Eintopf sehr heiß servieren. Jeder würzt am Tisch sein Cerdo con frijoles mit den verschiedenen Zutaten.

Schwarze Bohnen
Obwohl sie kleiner als Borlottibohnen sind, haben sie eine längere Garzeit.

Cerdo con frijoles ist wohl eines der bekanntesten Gerichte aus Yucatan, im Süden Mexikos.

Das Rezept stammt aus dem Norden Mexikos, nämlich aus Tamaulipas.

Frijoles charros

Bohnen aus der Provinz

500 g Frijoles bayos (Borlottibohnen)
1 kleine Zwiebel, fein gehackt
2 Knoblauchzehen, fein gehackt
1 EL Öl
4 Tomaten, geschält (Seite 38), klein gewürfelt
6 Chiles jalapeños aus der Dose, Stielansatz entfernt, in feinen Streifen
200 g Chorizo (Schweinswurst)
150 g Frühstücksspeck, gewürfelt
200 g Schweinefleisch, gewürfelt
Salz

10 gehackte schwarze Oliven

1

Borlottibohnen kochen: siehe Bohnengericht, Seite 141.

2

Die Zwiebeln mit dem Knoblauch im Öl andünsten, die Tomaten zufügen und 10 Minuten mitdünsten.

3

In einer separaten Pfanne Schweinswurst, Speck und Schweinefleisch ohne Fett anbraten.

4

Tomatensauce, Chiles und Fleisch in den Bohnentopf geben, zugedeckt 30 bis 40 Minuten bei schwacher Hitze köcheln lassen. Mit Salz abschmecken.

5

Mit den gehackten Oliven garnieren.

Arroz a la mexicana

Reis nach mexikanischer Art

2 EL Öl
200 g weißer Langkornreis
4 Tomaten, geschält (Seite 38), klein gewürfelt
1 kleine Zwiebel, fein gehackt
2 Knoblauchzehen, fein gehackt
1 EL gehacktes Korianderkraut, nach Belieben
6 dl/600 ml Hühnerbrühe, Seite 78
150 g grüne Erbsen
2 Karotten, klein gewürfelt
Salz

1

Den Reis in warmem Wasser 15 Minuten quellen lassen, das Wasser weggießen. Den Reis auf ein großes Backblech verteilen, trocknen lassen.

2

Tomaten, Zwiebeln, Knoblauch und Koriander im Mixer pürieren.

3

Reis im Öl unter ständigem Rühren andünsten, Tomatenpüree zugeben, einige Minuten köcheln lassen. Mit der Hühnerbrühe ablöschen, Erbsen und Karotten zugeben, bei schwacher Hitze zugedeckt 20 bis 30 Minuten kochen, mit Salz abschmecken.

Variante

3 frische Chiles serranos (ohne Stielansatz und Samen, klein gewürfelt) mit den Erbsen und den Karotten zum Reis geben. Die Chiles geben dem Reis einen besonderen Geschmack, ohne das Gericht scharf zu machen.

Arroz negro

Schwarzer Reis

200 g weißer Langkornreis
2 Tomaten, geschält (Seite 38), gewürfelt
1 kleine Zwiebel, gehackt
1 Knoblauchzehe, gehackt

1

Den Reis in warmem Wasser 15 Minuten quellen lassen, das Wasser weggießen. Den Reis auf ein großes Backblech verteilen, trocknen lassen.

2

Tomaten, Zwiebeln und Knoblauch pürieren.

4 EL Öl
½ l Kochbrühe von Frijoles negros (schwarze Bohnen)
Salz

3

Reis im Öl unter ständigem Rühren andünsten, Tomatenpüree zugeben, einige Minuten köcheln lassen, die Bohnenbrühe zufügen, 20 bis 30 Minuten köcheln lassen. Mit Salz abschmecken. Bei Bedarf wenig heißes Wasser dazugeben.

Arroz verde

Grüner Reis

2 EL Öl
200 g weißer Langkornreis
3 Chiles poblanos, frisch
2 grüne Peperoni/ Paprikaschoten
1 kleine Zwiebel, fein gehackt
1 Knoblauchzehe, fein gehackt
6 dl/600 ml Hühnerbrühe, Seite 78
100 g Maiskörner, frisch oder tiefgefroren
Salz

1

Den Reis in warmem Wasser 15 Minuten quellen lassen, das Wasser weggießen. Den Reis auf ein großes Backblech verteilen, trocknen lassen.

2

Stielansatz der Chiles und Peperoni entfernen. Schoten halbieren, die Samen entfernen. Die Hälften über Dampf 10 bis 15 Minuten garen (nur bei frischen Schoten). Chiles und Peperoni mit den Zwiebeln und dem Knoblauch pürieren.

3

Reis im Öl unter ständigem Rühren andünsten. Chiles-Peperoni-Püree zugeben, einige Minuten köcheln lassen. Hühnerbrühe zugeben, den Reis bei schwacher Hitze zugedeckt 20 bis 30 Minuten köcheln lassen, die Maiskörner etwa 5 Minuten mitgaren. Mit Salz abschmecken.

Desserts

Zum Beispiel ... Crepas con cajeta

Diese Nachspeise gehört zu den typischsten und beliebtesten in ganz Mexiko. Die Sauce wird aus gebrannter Ziegenmilch hergestellt. Das Rezept stammt aus dem Staate Guanjuato. Rezept Seite 154

Platanitos flameados con tequila

Mit Tequila flambierte Bananen

für 2 Personen

2 feste Bananen
Mehl
40 g Butter
2 EL Vollrohrzucker
4 cl weißer Tequila

2 Kugeln Vanilleeis
Zimtpulver

1

Bananen schälen. Längs halbieren. Im Mehl wenden.

2

Die Bananenhälften in der Butter bräunen, den Zucker zufügen, 1 Minute karamellisieren (flüssig werden lassen). Tequila über die Bananen gießen. Anzünden (flambieren).

3

Die Bananenhälften mit der Sauce anrichten. Eine Kugel Vanilleeis dazugeben. Mit Zimtpulver bestreuen.

Cajeta

Hausgemachte Karamellsauce

für 6 Personen

0,6 dl/60 ml Wasser
1 KL Soda-Bicarbonat (Drogerie)
1 l Ziegen- oder Kuhmilch
250 g Zucker
1 KL Vanillepulver

1
Bicarbonat mit dem Wasser anrühren.

2
Milch und Zucker aufkochen, Bicarbonatwasser zufügen, die Sauce bei schwacher Hitze unter häufigem Rühren mit dem Schneebesen etwa 1 Stunde köcheln lassen, das Vanillepulver unterrühren. Die Sauce unter zeitweiligem Rühren erkalten lassen.

Budín de mango

Mangopudding

75 g Zucker
4 Eigelbe von Freilandeiern
4 Eiweiß
1 Dose Mangos, 440 g
4 Gelatineblätter
2½ dl/250 ml Rahm/Sahne

1
Den Zucker mit dem Eigelb mit dem Schneebesen luftig aufschlagen. Das Eiweiß steif schlagen, kühl stellen. Die Mangos samt Saft pürieren. Den Rahm nicht ganz steif schlagen, kühl stellen.

2
Die Gelatineblätter kurz in kaltem Wasser einweichen, ausdrücken, in eine kleine Schüssel geben, im warmen Wasserbad flüssig werden lassen. Gelatine unter das Mangopüree rühren. Mangopüree und Schlagrahm unter die Eigelbmasse rühren. Den Eischnee unterziehen.

Abbildung Seite 155, unten

Crepas con cajeta

Crêpes an Karamellsauce

für 6 Personen

für 12 Crêpes

60 g Weißmehl/Mehltype 405
1 Freilandei
3¾ dl/375 ml Ziegenmilch
1 EL Öl

Butter, zum Braten

½ l Cajeta (Karamellsauce), Seite 153
50 g Haselnüsse, gehackt
50 g geriebene Kokosnuss
6 Kugeln Vanilleeis, nach Belieben

1

Mehl, Ei, Milch und Öl glatt rühren. Den Teig 15 Minuten ruhen lassen.

2

Die Butter in einer nicht klebenden Bratpfanne erwärmen. Für jede Crêpe 2 Esslöffel Teig in die Bratpfanne geben, den Teig durch rasche kreisförmige Bewegungen auf dem Boden verteilen. Sobald der Rand trocken ist, die Crêpe wenden, fertig braten. Die Crêpes dürfen leicht gebräunt sein.

3

Die Crêpes zweimal falten, in der Karamelsauce erwärmen.

4

Je 2 Crêpes auf einem Teller anrichten. Mit den Nüssen bestreuen. Nach Belieben eine Kugel Vanilleeis dazugeben.

Cajeta (Karamellsauce)

Die gekaufte Karamellsauce – sie ist von ausgezeichneter Qualität – ist normalerweise ziemlich dickflüssig. Am besten verdünnt man sie mit ungezuckerter Kondensmilch oder dem Saft einer halben Orange.

Variante

Ziegenmilch durch Kuhmilch ersetzen.

Polo Rosas

Polo Rosas wurde am 13. November 1959 in der kleinen Stadt Patzcuaro im Staate Michoacon in Mexiko geboren. Die Familie zog in frühester Kindheit nach Mexiko City, wo Polo die Grundschulen und das Gymnasium besuchte und später an der Universität studierte.

Die Liebe zum Kochen scheint ihm in die Wiege gelegt worden zu sein. Nicht nur schaute er seiner Mutter beim Kochen über die Schultern, er organisierte auch Pfadfinderlager und bekochte seine Familie an Festen. Das war dazumal für einen Jungen eher selten, entsprechend groß war die Bewunderung der Familie für seine Kochkünste. Da es in Mexiko keine schulische Ausbildung zum Koch gibt, entschloss sich Polo zum Touristik-Studium. Schon als Student arbeitete er in verschiedenen großen Hotels, um Berufserfahrungen zu sammeln.

Der Besuch eines Sprachkurses in England gab seinem Leben eine entscheidende Wende: Er lernte seine Frau, eine Schweizerin, kennen, die etwas später für zwei Jahre in Mexiko Wohnsitz nahm. Im Jahre 1984 zogen die beiden in die Schweiz und heirateten im darauf folgenden Jahr. 1990 wurde Sohn Rafael und zwei Jahre später Tochter Jessica geboren.

Beruflich war für Polo die Schweiz wieder ein Neuanfang. Aber dank seiner fundierten Ausbildung und seiner gastfreundlichen Art arbeitete er sich rasch empor und konnte in besten Häusern die Position eines Maître d'hôtel bekleiden. Die Küche verlor er aber nie aus den Augen. Er besuchte Kurse und half gerne mit bei der Organisation mexikanischer Anlässe (Musik, Dekoration, Küche).

Sein Traum eines eigenen mexikanischen Restaurants ging 1992 in Erfüllung. In Interlaken konnte er im Zentrum das Hotel Blume übernehmen und dort das Restaurant «El Azteca» eröffnen. Es ist auch heute noch das einzige Restaurant in der Schweiz, in dem eine authentische mexikanische Küche serviert wird.

Bezugsquellen

Schweiz

El Maíz
Mexikanische Produkte
Ursula Perez
Josefstraße 23
CH-8005 Zürich
T ++41 1 440 58 40
F ++41 1 440 58 44
www.elmaiz.ch
Uperez@elmaiz.ch

El Sol
Spreiter Imports
Laufenstraße 12
CH-4001 Basel
T ++41 61 331 93 12
F ++41 61 331 05 72
www.elsol.ch
info@elsol.ch

Tortilleria Burkard & Co
Mexikan. Spezialitäten MiAdelita
Steinacherstraße 105
CH-8804 Au
T ++49 1 781 40 46
F ++49 1 781 40 64

Deutschland

Mex-Al
El Sombrero Import Export GmbH
Inh. Carmen Enriquez de Wolharn
Feldchen 12
D-52070 Aachen
T ++49 241 918 540
F ++49 241 911 335
www.mex-al.de
mexalgmbh@aol.com

Alfred Ewert
Internationale Spezialitäten
Weender Straße 84
D-37073 Göttingen
T ++49 551 5 70 20
F ++49 551 5 60 91

M.T.G. Mexico Trading GmbH
Ruhrstraße 158
D-22761 Hamburg
T ++49 40 85 33 88 00
F ++49 40 85 32 24 63

Register